Gebrauchsanweisung für Katalonien

Michael Ebmeyer

Gebrauchsanweisung für Katalonien

Piper München Zürich

ISBN 978-3-492-27553-8

Karte: cartomedia, Karlsruhe
Gesamtherstellung: Clausen & Bosse, Leck
Printed in Germany

www.piper.de

Inhalt

Am Ziel 9
Katalonienklischees 14
Vier rote Streifen 32
Nation ohne Staat? 47
Albert 59
Zusammenhalt 61
Festa Major 71
Küche und Kunst 82
Sandra 97
Die Großen 100
Esel, Katze, Schnecke 112
Roser 116
Null oder 150 119
Die Seifenoper Frankfurt 127
Jorge 140
Katalonien für die Ohren 142
Wer zum Fest was fallen läßt 160
Annalís 170
Cadaqués – Collioure 172

FRANKREICH
VAL D'ARAN
Perpignan/Perpinyà
CATALUNYA NORD
Pallars
ANDORRA
Collioure
Canigó
Portbou
Cadaqués
Alt Empordà
Cap de Creus
Figueres
Roses
Ripollès
la Garrotxa
FRANJA DE PONENT
SPANIEN
Berga
Llobregat
Banyoles
Segre
Begur
Costa Brava
Girona
KATALONIEN
(PRINCIPAT DE CATALUNYA)
Vic
Baix Empordà
Calella de Palafrugell
Albelda
Manresa
Lleida
Montserrat
Mataró
les Borges Blanques
Masnou
Badalona
Montsant
Valls
Barcelona
Scala Dei
Penedès
Sitges
Ebre/ Ebro
el Molar
el Vendrell
Priorat
Gandesa
Capçanes
Tarragona
Miravet
Costa Daurada
Tortosa
Mittelmeer
Delta de l'Ebre
Menorca
Palma de Mallorca
Mallorca
Eivissa (Ibiza)
Formentera
València
0
N
50 km

Am Ziel

Ein besonders saftiges, aber nicht leicht zu durchschauendes Stück vom Paradies. Es hat die Form eines ausgebeulten Dreiecks und erstreckt sich von den Pyrenäen bis hinter das Delta des Flusses Ebro. An seiner langen Seeseite wechseln sich einige der bezauberndsten mit einigen der verbautesten Küsten des westlichen Mittelmeers ab, und auf halbem Weg liegt die Hauptstadt, Barcelona, das verspielte Fabelwesen unter den europäischen Metropolen.

Im Hinterland ist so ziemlich alles versammelt, was der Süden des Kontinents an Naturschönheit zu bieten hat, von malerisch bis majestätisch. Sanfte Feld- und Weidenidyllen, romantische Flußtäler, spektakuläre Felsmassive inmitten üppiger Wälder oder zerklüfteter Rebenhänge, tausendjährige Olivenhaine, karge Ebenen und schroffes Hochgebirge. Viele Dörfer, Burgen und Klöster sehen aus, als wäre im Mittelalter die Zeit stehengeblieben. Manche historische Altstadt ist aber auch von einem breiten Gürtel aus Industrieanlagen umschlossen.

Seltsame Bräuche und respektlose Anekdoten gedeihen in

unerschöpflicher Fülle. Hier leben Menschen, die sich zu zehnstöckigen Pyramiden aufeinandertürmen und Wein aus kleinen Gießkannen trinken. Feinsinnige Melancholiker und geschäftstüchtige Phantasten, mit einer Vorliebe für Feuerwerk, gutes Essen und endlose überhitzte Debatten. Salvador Dalí, Antoni Gaudí, der legendäre Cellist Pau Casals und die große Schriftstellerin Mercè Rodoreda stammen aus diesem Land. Ebenso die Espadrilles, der Freixenet-Sekt und die Chupa-Chups-Lollies.

Das Land hat eine eigene Sprache und eine eigene jahrhundertealte Kultur. Im Mittelalter war es das Zentrum eines mächtigen Königreichs, später verlor es seine Souveränität zum kleineren Teil an Frankreich, zum weitaus größeren an Spanien. Dieser größere Teil genießt heute als *Comunitat Autònoma de Catalunya* (Autonome Region Katalonien) wieder eine gewisse politische Selbständigkeit, im Rahmen der spanischen Verfassung. Doch nach Meinung vieler seiner Einwohner, und vor allem vieler seiner Politiker, wäre Katalonien am besten ein Staat für sich.

Besucher tun sich mit diesem Unabhängigkeitsstreben oft schwer. Teils aus guten Gründen, etwa aus Mißtrauen gegen jede Art von Nationalismus, teils aus weniger guten, etwa einer Unlust am genaueren Hinsehen. Früher schien ja auf der Sonnenseite der Pyrenäen einfach *Spanien* anzufangen. Eine endlose Abfolge von Buchten und Stränden, dazu häßliche, doch gut gelegene und recht komfortable Hotels und nette Kellner, die sich über jedes »Buenos días« und »Hasta luego« freuten, die Bestellung aber auch auf deutsch verstanden. Man konnte überall Sangría trinken, den dicken Kopf am Tag danach mit einer langen Siesta kurieren, den Kastagnettentanz im Abendprogramm für Flamenco halten und sich für den nächsten Urlaub ganz fest den Besuch eines Stierkampfs vornehmen. Mit Abspaltungsneigungen und störrischer Eigenmächtigkeit verband man bei Spanien allenfalls das Baskenland, wo ein rätselhaftes Urvolk mit unbegreiflicher Sprache lebte und es angeblich genausoviel regnete wie in Nordrhein-Westfalen. Darauf, daß es auf der Halbinsel noch weitere ähnlich aufmüpfige Gebiete gibt und daß ausgerechnet die gute alte Costa Brava zu einem dieser Gebiete gehören soll, reagieren bis heute viele Gäste seltsam entrüstet.

Dabei wird Katalonien nicht weniger schön, wenn man es in seiner Eigenständigkeit betrachtet. Im Gegenteil: der Blick aufs Besondere wird hier ebenso reich belohnt wie an anderen Lieblingsorten. Wir schwärmen ja auch gezielt für die Provence, die Bretagne oder die Auvergne und nehmen in ihnen nicht bloß ein verschwommenes Ganzes namens Frankreich wahr. Und natürlich wissen wir, daß zwischen Südtirol und Sizilien ein himmelweiter Unterschied besteht und daß Florenz in der lieblichen Toskana liegt. Da dürfte ein ähnlich differenziertes Bild von Spanien doch kein Problem sein.

Sicher, man kann entgegnen, daß hier noch lange nach dem Zweiten Weltkrieg ein Diktator herrschte, dessen Regime gewaltsam ein Trugbild nationaler Einförmigkeit aufrechterhielt und es dabei verstand, auf Touristen harmlos zu wirken, allenfalls ein bißchen rückständig und vertrottelt. Doch nun ist Franco schon über dreißig Jahre tot, und das gleiche sollte für seine Ideologie gelten.

»In Spanien werden vier Sprachen gesprochen.« Ein Satz, der in jedem Spanisch-Anfängerkurs fällt. Daß von diesen Sprachen dann weiterhin nur eine vorkommt, ist klar, denn was würde sonst aus dem Lernziel. In unserem Schulbuch damals, und da war Franco auch schon fünfzehn Jahre tot, gab es aber selbst in Kapiteln wie »En Barcelona« oder »Los chicos de Masnou« (über Jugendliche in einem katalanischen Küstenort) keinen einzigen Hinweis darauf, daß dort eine andere Sprache als Spanisch eine Rolle spielen könnte – oder ein Selbstverständnis, das sich von dem der Leute in Madrid unterscheidet.

Vielleicht haben Sie bei Ihrer ersten bewußten Begegnung mit Katalonien auch die typische Verwirrung erlebt. Sie sind in Barcelona gelandet oder in diesem charmanten Örtchen im Empordà angekommen, nur drei Kilometer vom Strand entfernt und überhaupt nicht zubetoniert. In den Wochen zuvor haben Sie Ihren Spanisch-Grundwortschatz in Schuß gebracht. Im Reiseführer war auch von der katalanischen Sprache die Rede, allerdings schien sie auf den Hausgebrauch der Einheimischen beschränkt, auf Ortsnamen und Volkslieder, und sich außerdem vom Spanischen gar nicht so sehr zu unterscheiden: die meisten Wörter, die der Führer auflistete, kamen Ihnen bekannt vor. Doch nun merken Sie, daß man diese Sprache hier wirklich überall spricht. Daß Sie kaum ein Wort verstehen. Und daß Ihr Reiseführer sich zwar mit einer kleinen katalanischen Vokabelliste schmückt, im Service- und Gastroteil aber anscheinend einfach die Bezeichnungen aus dem vom selben Autor geschriebenen Band *Spanien* übernommen hat.

Jetzt haben Sie die Wahl. Entweder Sie empören sich, wie viele andere vor Ihnen, darüber, daß hier nicht alles so ist, wie Sie erwartet haben. Oder Sie lassen sich auf Katalonien ein. Wenn Sie sich für letzteres entscheiden, dann wollen Sie bald nie wieder weg von hier.

Bei mir selbst war es Zufall. Ich hatte, wie gesagt, Spanisch in der Schule gehabt, als Wahlfach in der Oberstufe. Im Studium wollte ich dann für eine Zeit ins Ausland gehen, eigentlich nach Großbritannien oder in die USA, mußte aber feststellen, daß ich alle Bewerbungsfristen versäumt hatte. Offen stand nur noch ein neues, bunt zusammengeschustertes Erasmus-Programm der Vergleichenden Literaturwissenschaftler. So kam ich nach Barcelona. 1995, drei Jahre nach den Olympischen Spielen. Der ganz große Hype um die Stadt hatte noch nicht eingesetzt, ließ sich aber schon ahnen, die berühmte Renovierungskampagne *Barcelona, posa't guapa! (Barcelona, mach dich hübsch!)* begann auch etwas abgelegenere Viertel zu erfassen. Ich wohnte im Stadtteil Gràcia, im Carrer de la Llibertat, also in der Straße der Freiheit. Und nach ein paar Wochen wußte ich, daß diese zufällige Entscheidung für Katalonien die beste war, die ich je getroffen hatte.

Anfang Zwanzig sein, keine großen Verpflichtungen haben, in ein neues Lebensgefühl eintauchen, sich verlieben, herumreisen: das ist natürlich eine besonders angenehme Art, ein Land kennenzulernen. In Katalonien hatte ich meine wichtigsten Erweckungserlebnisse in Sachen Wein und Essen, Landschaft und Architektur, und hier verbrachte ich zum erstenmal einen 1. November am Strand.

Katalanisch sprach ich am Anfang so gut wie gar nicht, hatte nur ein paarmal unkonzentriert im Einführungskurs an meiner Uni in Deutschland gesessen. Doch allen Gerüchten über eine hyperaktive »Sprachpolizei« zum Trotz rechnet hier auch heute niemand damit, daß Ausländer Katalanisch können. Tun Sie es dennoch, oder beherrschen zumindest ein paar Worte, werden Sie damit immer wieder viel Freude auslösen.

Bei mir dauert der Zauber nun seit Jahren an. Er wird um so größer, je mehr ich von Katalonien kenne. Immer noch öffnet sich hinter jedem neuen Wissen, jeder Erfahrung, die ich hier mache, ein Fächer von weiteren, unerwarteten Fragen. Wer es gerne schön übersichtlich hat, kann an diesem Land verzweifeln. Andererseits ist hier zu sein eine vortreffliche Gelegenheit, um sich ein zu hohes Bedürfnis nach Übersichtlichkeit abzugewöhnen. Und ein bißchen wird dieses Buch hoffentlich beim Zurechtfinden helfen.

Katalonienklischees

Natürlich, so eine Gebrauchsanweisung möchte Hintergründe zeigen, Seltsamkeiten erklären, vor Fettnäpfchen warnen. Sie soll Ihnen am besten einen ganzen Bund Schlüssel zum tieferen Verständnis von Land und Leuten an die Hand geben. So eine Gebrauchsanweisung kommt also auf keinen Fall ohne Klischees aus.

Ich meine nicht die Spanienklischees, die manche Touristen mit nach Katalonien bringen und dann hier zu ihrer Enttäuschung nicht bestätigt finden. Die Klischees, um die es in diesem Kapitel gehen soll, sind welche, die sich wirklich auf Katalonien beziehen. Zum Beispiel Eigenschaften und Makken, die Spanier ›den Katalanen‹ nachsagen. Oder typische Attribute, Bilder und Phrasen, mit denen Katalonien sich selbst in Szene setzt. So wie der folgende Satz.

»Catalonia is not Spain«

Ein katalanisches Lieblingsgraffito, kommt immer wieder auch als Aufschrift von Bannern in Fußballstadien vor, wenn der FC Barcelona spielt. Die katalanischsprachige Version, »Catalunya no és Espanya«, findet sich heute kaum noch, denn hier haben den Satz längst alle verstanden. Nun schreibt man ihn auf englisch, für den Rest der Welt. Und oft wundert sich der Rest der Welt darüber. Für viele Ausländer ist die kämpferische Klarstellung, daß dies hier nicht Spanien sei, die erste Begegnung mit dem Wort Katalonien.

Daran sind die Spanier schuld, würden die Leute sagen, die den Satz gepinselt haben (wir dürfen sie uns als leicht entflammbare junge Separatisten vorstellen): die übermächtigen Vereinheitlicher in Madrid ließen Katalonien keinen Platz, sich nach außen hin in seiner Eigenständigkeit zu präsentieren. Zweifellos hält sich die Bereitschaft des spanischen Staats, bei seinen Imagekampagnen auf die Sonderfälle in seinem Hoheitsgebiet hinzuweisen, nach wie vor in Grenzen. Andererseits ist es auch noch nicht lange her, daß berühmte katalanische Kellereien ihren Sekt im Ausland mit Flamenco-Gitarre und Slogans wie *Cava de pura raza* bewarben. Als wären in den Flaschen Körperflüssigkeiten andalusischer Zuchtpferde abgefüllt. Für solche Marketingentscheidungen läßt sich die Verantwortung nur schwer auf Madrid schieben.

Doch zurück zu »Katalonien ist nicht Spanien«. Wie soll man mit diesem Satz umgehen, zumal als Außenstehender oder jedenfalls von außen Gekommener? Selbst wenn man hier ständig Unverwechselbares entdeckt, sich für die katalanische Kultur begeistert und sie in all ihren Facetten kennenlernen möchte: die Übereinstimmung mit Spanien bleibt doch zumindest größer als mit jedem anderen Land. Von Eß- und Ausgehgewohnheiten über die Sitte, den Mädchen schon im Säuglingsalter Ohrringe zu verpassen, bis zur Überzeugung, daß gegen hartnäckigen Schmutz nur Ammoniak hilft. So wichtig es ist, die Unterschiede zwischen Katalonien und Spanien zu beachten, so widersinnig wäre es, die Gemeinsamkeiten zu leugnen. Diese Meinung teilen übrigens die meisten Katalanen, auch viele derer, die davon träumen, daß ihr Land sich vom spanischen Staat lossagt. »Catalonia is not Spain« drückt eine politische Haltung aus, aber keinen Appell, sich einen Teil der eigenen Wahrnehmungen zu verbieten.

Zudem ist man als Ausländer ja fast immer über Spanien auf Katalonien gekommen, vom Allgemeinen aufs Spezielle sozusagen – was Sie patriotischen Graffitimalern gegenüber natürlich anders formulieren sollten. Daß Sie eine Vorliebe für Katalonien entwickeln, wird kaum dazu führen, daß Sie Spanien nicht mehr mögen. Und das wird auch niemand von Ihnen verlangen. Nur wird man Ihnen vielleicht von einem verschrobenen Schotten oder von einer charmanten Ungarin erzählen, die herkamen und angeblich perfekt Katalanisch, aber kein Wort Spanisch sprachen.

Findet man den Satz »Catalonia is not Spain« nun richtig oder nicht, er wirft jedenfalls die Frage auf, *was* Katalonien denn ist. Hier fürs erste ein paar geographische Antworten.

Katalonien ist ein Stück Europa. Klingt nach Binsenweisheit, doch dahinter steckt ein großes katalanisches Anliegen: einem Kulturkreis zugerechnet zu werden, der Freigeistigkeit und Fortschrittlichkeit als seine Grundwerte begreift. Insofern läßt sich »Catalonia is not Spain« als Reaktion auf den alten Spruch »Spain is different« lesen, den das Tourismusministerium unter Franco erfand, um besorgte Gäste darüber hinwegzutrösten, daß man in Spanien auf Demokratie und Menschenrechte verzichtete. Das Ideal eines liberalen, »zivilisierten« Europas als Gegenbild zur rückwärtsgewandten Starre der Diktatur war für das Selbstverständnis katalanischer Regimegegner elementar, und diese Haltung lebt bis heute fort: etwa in Form einer robusten EU-Begeisterung, die eine Mehrheit der Katalanen an den Tag legt; aber eben auch im bleibenden Mißtrauen gegen den Staat Spanien, dem viele hier immer noch nicht glauben wollen, daß er sich von Francos vernageltem Chauvinismus ganz gelöst hat.

Zweite und gängigste Antwort auf die Frage »Was ist Katalonien?«: das Gebiet der *Comunitat Autònoma de Catalunya* innerhalb des spanischen Staats. Dieses Katalonien wird auch *Principat* genannt und besteht aus vier Provinzen, die jeweils nach ihrer Hauptstadt heißen: Girona, Barcelona, Tarragona und Lleida. Die Costa Brava gehört zur Provinz Girona, die Costa Daurada zu Tarragona. Barcelona liegt zwischen den beiden. Lleida ist die einzige Provinz ohne Strände, dafür die mit den meisten Skigebieten, denn sie umfaßt den Großteil der katalanischen Pyrenäen.

Die vier Provinzen gliedern sich wiederum in insgesamt 41 *comarques*, Landkreise, und diese Einteilung ist besonders wichtig. Einen ebenso hohen Stellenwert wie das Gefühl fürs Ganze – also für Katalonien – hat hier nämlich die Liebe zum Detail. Mit der Comarca verbindet sich ein spezifisch katalanischer Lokalpatriotismus, der nicht dumpf und engstirnig daherkommt, sondern geradezu enzyklopädische Züge trägt. Der Ehrgeiz jedes Landkreises ist es, sich als unverkennbares Einzelstück zu präsentieren, als Schatzkiste voller sorgsam gepflegter Eigentümlichkeiten oder Köstlichkeiten. Stichwort weltberühmte Weine und das wunderbare Siurana-Olivenöl? – Natürlich, das Priorat. Wüste Schmugglergeschichten und uralte, unzugängliche Gebirgsdörfer, die bis heute noch nicht ans Stromnetz angeschlossen sind? – Geheimnisvoller Pallars Sobirà. Dalí-Museum und Naturpark Cap de Creus? – Zwei von tausend Attraktionen des Alt Empordà.

Wenn Sie einmal nicht wissen, in welcher Comarca Sie sich gerade befinden, lassen Sie sich nichts anmerken. Ein kurzes Gespräch mit Einheimischen, egal zu welchem Thema, und der Name fällt garantiert innerhalb von Minuten. Wenn Sie dann eine Frage nach den Spezialitäten der Gegend anschließen, werden Sie einen langen und meist interessanten Vortrag zu hören bekommen.

Eine Variante von »Catalonia is not Spain« wäre: nicht *nur* Spanien. Ein Teil liegt ja auch in Frankreich. Er wird Catalunya Nord genannt, seine Hauptstadt ist Perpignan, auf katalanisch Perpinyà. Nach französischer Gliederung gehört er zum Département Pyrénées Orientales in der Region Languedoc-Roussillon. Katalanische Separatisten kleiden den Status von Catalunya Nord gerne in die Formulierung »zurzeit unter französischer Verwaltung«, wobei dieses »zurzeit« schon dreieinhalb Jahrhunderte dauert. Von solch drolligen Sprachregelungen abgesehen beziehen die Träume vom unabhängigen katalanischen Staat den Norden eher selten ein. Und das, obwohl zumindest eins der historischen Wahrzeichen Kataloniens im französischen Teil liegt: der Berg Canigó, den man lange Zeit für den höchsten Gipfel der Pyrenäen hielt. Zwar handelte es sich um eine optische Täuschung, er ist von mittlerer Größe und ragt nur besonders schroff gegen die Roussillon-Ebene auf. Doch ebendiesen oft bedichteten Anblick macht die Unbestechlichkeit der modernen Meßinstrumente nicht weniger beeindruckend.

Daß katalanische Nationalisten bloß verhaltene Ansprüche auf den Norden erheben, liegt daran, daß sie traditionell ein positives Frankreichbild pflegen. Nach dem Zweiten Weltkrieg fanden Zehntausende katalanische Franco-Gegner im Nachbarland Zuflucht, das hat man nicht vergessen, und bis heute steht vor allem Frankreich für das Europa, zu dem man hier lieber gehören möchte als zu Spanien. Dieses Gefühl von Verbundenheit überwiegt auch den Ärger über die Französisierungspolitik in Catalunya Nord, deren Parolen – etwa das berüchtigte »Wir wollen sauber sein und Französisch reden« an der Klassenzimmerwand – manchmal klangen, als wären sie mit Franco abgesprochen. Nach wie vor haben selbst diejenigen Einwohner des Roussillon, die Katalanisch perfekt beherrschen, oft große Hemmungen, es außerhalb des engeren Bekanntenkreises zu gebrauchen.

Und dennoch: daß in Barcelona oder Girona ein Restaurant von gebildeten Separatisten betrieben wird, erkennt man zuverlässig daran, daß es dort die Speisekarte in zwei Sprachen gibt und daß die zweite davon nicht Spanisch, sondern Französisch ist.

Die am weitesten greifende – und verfänglichste – Antwort auf die Frage »Was ist Katalonien?« lautet: die *Països Catalans*. Zu diesen *katalanischen Ländern* zählen neben dem Principat und dem französischen Teil alle weiteren Gebiete, in denen Katalanisch gesprochen wird. Also der Zwergstaat Andorra, in dem Katalanisch sogar alleinige Amtssprache ist. Die *Franja de Ponent*, der an die Provinz Lleida grenzende östlichste Streifen von Aragón. Fast die ganze Region Valencia und sogar noch ein kleiner Höhenzug in Murcia, *el Carxe* genannt. Dann die Inselgruppen der Balearen und Pitiusen – also Mallorca, Menorca, Ibiza (auf katalanisch Eivissa) und Formentera. Und schließlich die Stadt Alghero auf Sardinien, deren gesamte Bevölkerung nach einem Aufstand im 14. Jahrhundert verbannt und durch Siedler aus Barcelona ersetzt wurde.

Die Països Catalans sind eine geschichts- und sprachwissenschaftliche Größe, mit der Sie das Wort Katalonien im Alltag auf keinen Fall gleichsetzen sollten. Nicht nur Anhänger des spanischen Zentralismus, sondern auch Valencianer und Bewohner der Inseln könnten es Ihnen verübeln. Sie fühlen sich von der katalanischen Autonomiepolitik oft ungewollt vereinnahmt und sind dementsprechend auf Abstand bedacht. Bei zornigen Valencianern kann das so weit führen, daß sie statt »Catalunya« nur noch »Cacalunya« sagen. Valencia ist eh ein schwieriger Fall, immer hin- und hergerissen zwischen dem Bekenntnis zu Spanien und dem Bewußtsein für seine katalanische Vergangenheit – ein Fall, der eine eigene Gebrauchsanweisung erfordern würde.

Womit wir bei der Frage wären, von welchem Katalonien dieses Buch denn nun handelt. Gerne würde ich sagen: von allen eben genannten Definitionen, doch das wäre vermessen. Ich muß Valencia und die Inseln ausklammern, abgesehen von

Merkmalen, die sie unbestritten mit dem Principat de Catalunya teilen. Nordkatalonien kann ich ebenfalls nur ansatzweise einbeziehen, denn stärker als durch seine katalanischen Wurzeln ist es heute durch seine 350 Jahre französischer Geschichte geprägt. Das Buch handelt also hauptsächlich vom Principat. Und selbst das mit Einschränkungen, weil auch die Pyrenäen wieder ein Thema für sich – doch genug des Zurückruderns. Sonst glauben Sie mir ja bald nicht mehr, daß ich hier überhaupt von irgend etwas schreibe.

»Katalanen sind geizig«

Zwei katalanische Bergsteiger sind abgestürzt und liegen schwerverletzt in einer Gletscherspalte. Der Rettungsdienst kommt: »Können Sie uns hören? Hier spricht das Rote Kreuz.« Darauf die Katalanen: »Wir haben schon gespendet!«

Den kannten Sie, oder? In Deutschland handelt er von zwei Schwaben. Und er ist keine Ausnahme, es gibt fast jeden Schwabenwitz in Spanien als Katalanenwitz. Das Vorurteil, daß Katalanen geizig seien, ist so steinalt wie unverwüstlich. Zwar bemühte sich schon um 1850 ein spanisches Lexikon, es zu entkräften, und stellte klar: »Die Katalanen geben ihr Geld mit derselben Leichtigkeit aus, mit der sie es sich zu verschaffen wissen, und halten Großzügigkeit sogar für ruhmvoll.« Doch solche Gegenstimmen sind bis heute nicht weit gedrungen.

Ist an dem Vorurteil denn etwas dran? Nun, Katalanen sind genauso geizig, wie Ostfriesen dumm sind oder Spanier faul. Die geographische Lage Kataloniens führte allerdings dazu, daß man sich hier von alters her als *poble de mercaders i navegants* sah, als Volk von Händlern und Seefahrern. Entsprechend hoch im Kurs standen Tugenden wie Fleiß und Geschäftssinn, und dabei ist es im Prinzip bis heute geblieben. Das Geizklischee nervt in seiner Hartnäckigkeit, und Sie können Katalanen immer eine Freude machen, indem Sie sagen, daß es nicht stimmt. Aber mit den benachbarten Zuschreibungen – Katalanen sind tüchtig, Katalanen sind erfinderisch und so weiter – ist man hier durchaus zufrieden. Ein Witz, den viele Katalanen selbst gerne über sich erzählen, ist der folgende, eigentlich ein alter jüdischer Witz:

Ein Katalane auf dem Sterbebett. Er flüstert: »Lluïsa, meine geliebte Frau, wo bist du?« »Hier, mein Liebster, an deiner Seite.« »Und mein Sohn Oriol?« »Hier bin ich, Vater.« »Meine Tochter Maria?« »An deiner Seite, Vater.« »Mein Sohn Jaume?« »Hier bei dir, Vater.« »Ja, und wer zum Teufel steht dann unten im Laden?«

»Katalanen sind verschlossen«

Ein weiterer spanischer Standardsatz über die Sturköpfe im Nordosten der Halbinsel. Ich finde ihn unwahr. Sie geben sich vielleicht im Durchschnitt bei ersten Begegnungen zurückhaltender als Südspanier, und im Umgang mit Leuten, die eine offensichtliche Abneigung gegen Katalonien haben, können sie auch sehr pampig werden. Doch als hervorstechende katalanische ›Wesenszüge‹ habe ich immer wieder eine angenehm verbindliche Herzlichkeit erlebt, Hilfsbereitschaft und eine wohltuende Art von Neugier. Ganz gleich, ob ich hier meine ersten Schritte als ahnungsloser Gaststudent tat, ob Partybekanntschaften zu Freundschaften wurden oder ob ich in einem Privatarchiv recherchieren wollte.

Auch wenn Sie als Tourist den Kontakt mit Einheimischen suchen, bin ich sicher, daß Sie fast nur erfreuliche Erfahrungen machen werden. Mit der Pensionswirtin, die Sie unvergeßlich bekocht und Ihnen hundert Ausflugstipps gibt, mit dem Busfahrer, der die Frage verneint, ob er zur Sagrada Família fahre, Ihnen dann aber in aller Ruhe den Weg dorthin erklärt, oder mit der Verkäuferin im kleinen Modegeschäft, die Ihnen die charmanteste Stilberatung Ihres Lebens angedeihen läßt.

Bisher habe ich jedesmal, wenn ich den Satz »Katalanen sind verschlossen« hörte, den Eindruck gehabt, da will jemand seine eigene Haltung anderen in die Schuhe schieben. Seien Sie selbst aufgeschlossen, und man wird es auch Ihnen gegenüber sein.

Und die politische Verschlossenheit, die ›den Katalanen‹ genauso oft unterstellt wird wie charakterliche? Wenn Sie zu diesem Dauerthema sofort Ausführlicheres lesen wollen, dann blättern Sie vor zum Kapitel *Nation ohne Staat?* Fürs erste nur soviel: der katalanische Nationalismus ist keine Blut-und-Boden-Ideologie. Selbst die größten Eigenstaatlichkeits-Fanatiker legen hier Wert darauf, daß die Antwort auf die Frage »Wer ist Katalane?« lautet: jede Person, die in Katalonien lebt und sich zu einer katalanischen Identität bekennt. Ein prominentes Beispiel ist José Montilla, der in Andalusien aufwuchs, mit sechzehn Jahren nach Katalonien zog und hier Karriere in der Sozialistischen Partei machte. Seit Ende 2006 ist er katalanischer Ministerpräsident.

Wie stark die katalanische Gesellschaft von dieser Art Zuwanderung geprägt ist, zeigt auch ein Blick auf die häufigsten Nachnamen: Platz eins García, zwei López, drei Martínez – unter den ersten zehn findet sich kein einziger traditionell katalanischer Name, sie sind alle spanisch. Die Hälfte der Einwohner Kataloniens stammt heute in erster oder zweiter Generation aus anderen Teilen der Halbinsel. Das heißt aber nicht, daß diese Garcías und López' sich weniger katalanisch fühlen als die alteingesessenen Solers, Boixs oder Salvats in ihrer Nachbarschaft. Katalonien ist immer ein Land des Austauschs und Zuzugs gewesen, wiederum wegen seiner Lage im Zentrum des westlichen Mittelmeerraums und am südlichen Übergang zwischen der europäischen Landmasse und der Iberischen Halbinsel. Auf diese Tradition hält man hier große Stücke, und mit Verschlossenheit verträgt sie sich eigentlich nicht.

Die Barretina

Der Klischeekatalane ist, wie die meisten altgedienten Verkörperungen von Nationalitäten, männlich. Und ähnlich wie der deutsche Michel in Karikaturen zum Thema »Bürger und Staat« hat er eine beutelförmige Mütze auf. Allerdings ohne Zipfel, sondern mit abgerundetem Ende, und außerdem knallrot. Diese Mütze heißt auf katalanisch *barretina*. Im Alltag trägt man sie längst nicht mehr, doch als folkloristisches Accessoire wird sie Ihnen um so häufiger begegnen.

Schon in der Antike sollen phönizische oder griechische Kolonisten eine Frühform der Barretina im Gebiet des heutigen Katalonien eingeführt haben. Sicher ist, daß sie hier im Mittelalter zu den Trachten von Juden, Fischern und Seeleuten gehörte und daß sich in der Folge eine Vielzahl unterschiedlicher Typen dieser Mütze herausbildete. Die meisten waren zwei bis vier Handspannen lang, und je nachdem, wie man sie in der Stirn trug und in welche Richtung man den »Beutel« umklappte, konnte man zum Beispiel signalisieren, daß man eine Freundin suchte. In den gebirgigen Gegenden Pallars und Ripollès gab es sogar Barretines von bis zu neun Handspannen Länge, die angeblich zur Polsterung beim Lastentragen auf den Rücken hinunterhingen. Vielleicht war diese Begründung aber auch nur ein Vorwand, um zu kaschieren, daß es um den Längenrekord ging.

Mitte des 19. Jahrhunderts galt die Barretina bereits als altmodisch und bäuerlich, doch im Zug der *Renaixença*, der romantisch-patriotischen Erweckungsbewegung in Katalonien, gab man ihr die feierliche neue Bedeutung als »Symbol der Katalanität«. Inspirierend wirkte dabei die Rolle, die eine nahe Verwandte als Sinnbild der Französischen Revolution gespielt hatte: die ebenfalls rote Jakobinermütze oder phrygische Mütze, verewigt als Kopfbedeckung der entblößten Marianne auf Eugène Delacroix' Gemälde *Die Freiheit führt das Volk an*. Es hieß, die phrygische Mütze sei im Römischen

Reich das Abzeichen der befreiten Sklaven gewesen, und solche Allegorien schienen auf das katalanische Aufbegehren gegen die spanische Vormacht bestens übertragbar. Andererseits wurde die Urform der phrygischen Mütze im antiken Vorderasien aus gegerbten Stier-Hodensäcken genäht, und auf den Stier als Symboltier sind die Katalanen eigentlich nicht gut zu sprechen. Doch muß man ein Sinnbild ja nicht bis in den letzten Winkel ausleuchten. Hier zumindest bestand die Barretina schon immer aus Wolle.

Da Vereine zur möglichst verschrobenen Brauchtumspflege eine der ganz großen katalanischen Spezialitäten sind, gibt es heute auch eine *Confraria Barretinaire*, eine *Barretinische Bruderschaft*, deren Ziel es ist, die rote Beutelmütze wieder als Kleidungsstück des täglichen Lebens durchzusetzen. Neben den Festakten und Fotowettbewerben, die solche Vereine ja immer ausrichten, nimmt die Bruderschaft ihr Hobby vor allem sportlich: ihre Hauptaktivität besteht in gemeinsamen Fahrradtouren mit Barretina.

Die Moreneta

Das katalanische Binnenland ist voller bizarrer Felsmassive, und das bizarrste dieser Massive birgt das katalanische Nationalheiligtum. Deshalb ist hier auch »Zersägter Berg« ein geläufiger Frauenname. So heißt er nämlich, der heilige Ort: Montserrat. Inmitten der Sedimentkegel, die sich zum Teil wie riesige, je nach Licht sogar rosig schimmernde Wurstfinger in den Himmel recken, liegt ein Benediktinerkloster mit tausendjähriger Tradition. Es hütet Kataloniens wichtigsten religiösen Schatz, La Moreneta, die »kleine Dunkle«, also die wundertätige Schwarze Madonna.

Der Montserrat steht ganz oben auf dem touristischen Pflichtprogramm, was Einheimische nicht davon abhält, ebenfalls in Massen hierher zu pilgern. Jedes Jahr werden mehr als zwei Millionen Besucher gezählt. Dennoch harren abseits von Busparkplätzen, Souvenirläden und Panoramarestaurant achtzig Mönche in dem Kloster aus, und auch die *Escolania de Montserrat*, die älteste Musikschule Europas, arbeitet unbeirrt vom Rummel weiter an ihrem weltberühmten Knabenchor.

Das Bildnis der Muttergottes soll im Jahr 880 in einer Höhle auf dem Montserrat von Hirten gefunden worden sein und sich dann so schwer gemacht haben, daß man es nicht zum Bischof in die nahe Stadt Manresa bringen konnte. Also baute man auf dem Berg selbst eine Marienkapelle, die Keimzelle des heutigen Klosters. Seither hat die Moreneta unzählige Wunder bewirkt, sie wurde zur Schutzheiligen Kataloniens erklärt, und ihr zu Ehren nannte Kolumbus eine der von ihm »entdeckten« Karibikinseln Montserrat. Heute türmen sich im Gabenraum der Basilika auf dem heiligen Berg neben Dankeskreuzen und Fotos auch Stofftiere, Sporttrophäen und allerlei Artikel aus dem Sanitätshaus.

Dabei kann das Bildnis, um das sich Tag für Tag die Gläubigen drängen, eine knapp meterhohe Marienstatue mit Jesuskind auf dem Schoß, gar nicht das Original aus der Höhle sein, denn es stammt frühestens aus dem 12. Jahrhundert. Noch jüngeren Datums ist die Farbe. Die Moreneta wurde zwar aus dem Holz einer Schwarzpappel geschnitzt, doch schwarz ist an diesem Baum nur die Rinde, das Holz dagegen hell. Es gibt verschiedene Theorien, wie *Nostra Senyora de Montserrat* zu ihrem legendären Teint kam. Zum Beispiel, daß man ihr Gesicht bei Restaurationsarbeiten mit frischem Weiß bemalte, daß die Farbe aber Blei enthielt und das Holz stark nachdunkeln ließ. In der Folge habe man die Figur immer dunkler überpinselt, bis sie sich schließlich in die Tradition der Schwarzen Madonnen einreihte.

Die Verehrer der Moreneta lassen sich von solchen Deuteleien nicht stören. Und für viele Katalanen ist das größte Mirakel von Montserrat ohnehin eher ein kulturpolitisches als ein christliches. Denn das Kloster pflegte nicht nur den Marienkult, sondern etablierte sich auch als Zentrum der katalanischen Gelehrsamkeit, mit einer riesigen geistlich-philosophischen Bibliothek und einem Verlag, der auf über 500 Jahre Publikationsgeschichte zurückblickt. Unter dem Abt Aureli Maria Escarré wurde Montserrat nach dem Spanischen Bürgerkrieg zum Bollwerk des katalanischen Widerstands gegen Franco. Und daß während der Diktatur überhaupt Bücher auf katalanisch erscheinen konnten, ist vor allem dem Selbstbewußtsein und der Beharrlichkeit des Klosterverlags zu verdanken. Solche Erinnerungen sind der Grund, aus dem in Katalonien auch viele Atheisten auf das Nationalheiligtum nichts kommen lassen.

»Jeder Katalane ist ein Sprachwissenschaftler«

Für Small talk in Katalonien eignen sich, wie anderswo auch, Wetter, Gesundheit und Fußball. Außerdem, wie gesagt, die Schönheiten der Comarca. Es gibt aber noch ein weiteres Thema, mit dem man hier jedes Gespräch in Gang halten kann, und dieses Thema ist die Sprache selbst. Die katalanische, meine ich. Katalonien ist ein Land voller Linguisten. Das gilt keineswegs nur für akademische Kreise, ich habe auch schon Bäckerinnen und Telefontechniker ins Sprachgespräch vertieft gesehen. Und die Beteiligten können ebensogut Spanisch- wie Katalanisch-Muttersprachler sein: zur katalanischen Sprache haben hier alle eine Menge zu sagen.

Daß sich so ein ungewöhnliches Hobby quer durch die Gesellschaftsschichten verbreitet hat, liegt am Erfolg der *normalització lingüística*, der *sprachlichen Normalisierung*. Unter diesem Namen laufen seit den frühen Achtzigern die Kampagnen, mit denen die Autonomieregierung den Folgen der Sprachpolitik Francos entgegentritt. Fast vier Jahrzehnte lang war das Katalanische aus dem öffentlichen Leben verbannt gewesen, es gab also eine Menge zu »normalisieren«: von Straßen- und Ortsschildern, Funk und Fernsehen über Schulunterricht und amtlichen Schriftverkehr bis hin zur Lebensmitteletikettierung, den Durchsagen auf Bahnhöfen – oder dem eigenen Namen. Katalanische Familiennamen wurden vielfach schon vor Jahrhunderten hispanisiert, unter Franco waren obendrein nur spanische Vornamen erlaubt. Heute kann man sich beide ohne großen Aufwand in die katalanische Form umwandeln lassen, von Luisa zu Lluïsa, von Jorge zu Jordi oder von Bañolas zu Banyoles. Die Resonanz auf diesen Service ist aber eher gering.

In den Bereich der *normalització lingüística* fällt auch das *dret de viure plenament en català* – das berüchtigte, allerdings nicht verbriefte *Recht, vollständig auf katalanisch zu leben.* Es wurde zum Anlaß für die »Sprachpolizei«-Vorwürfe, die in den letzten Jahren immer mal wieder ihren Weg in deutschsprachige Zeitungen fanden. Tatsächlich können katalanische Bürger seit einiger Zeit Geschäfte oder Gasthäuser, die ihr Angebot nicht auf katalanisch auszeichnen, auf einem offiziellen Formular den Behörden melden. Die angeschwärzten Etablissements bekommen dann ungefragt Sprachnachhilfe vom *Büro für linguistische Garantien.* Auch ich finde diese Regelung kleinlich und peinlich und vertraue darauf, daß möglichst wenige Katalanen von ihr Gebrauch machen (im Jahr 2005 zählten die Ämter knapp 1500 solcher Anzeigen und Beschwerden, statistisch gesehen ging etwa einer von 5000 Bürgern Kataloniens petzen). Doch wo man sich über Auswüchse der »Normalisierung« wundert, sollte man bedenken, daß es einen spanischen Sprach-Chauvinismus gibt, gegen den sich bisher jede katalanische Kampagne dezent ausnimmt. Das geschnauzte »¡Háblame en cristiano!« – »Sprich christlich mit mir!« – klingt vielen älteren Katalanen noch in den Ohren. Die jüngeren bekommen es bis heute manchmal zu hören. Wenn die katalanische Sprachpolitik von außen beurteilt wird, zum Beispiel in der deutschen Presse, bleibt oft unberücksichtigt, daß die Unterdrückung des Katalanischen mit Francos Tod nicht einfach aufhörte. Ich möchte aber auch nicht unter den Tisch fallen lassen, daß eine Mehrheit der Katalanen selbst ihre Sprache inzwischen für hinreichend normalisiert hält und die jüngsten politischen Maßnahmen übertrieben findet.

Der Umkehrschluß, heute sei in Katalonien nicht mehr das Katalanische, sondern das Spanische bedroht, ist allerdings Blödsinn. Anfang 2006 geisterte ein Mediziner aus Barcelona durch einige Korrespondentenberichte, weil er drohte, in den Hungerstreik zu treten, wenn seine Tochter in der Vorschule nicht auf spanisch unterrichtet werde. Wie die Geschichte ausging, weiß ich nicht. Jedenfalls war die Tochter zu keinem Zeitpunkt in Gefahr, ihr Spanisch zu verlernen. Die Verfassung des Staates Spanien schreibt vor, daß jedes Kind Spanisch als Schulfach hat, und dies ist auch in Katalonien überall gewährleistet. Nur ist die Unterrichtssprache in den anderen Fächern hier eben in der Regel Katalanisch.

Das Autonomiestatut Kataloniens definiert Katalanisch als *llengua pròpia*, als *eigene*, angestammte Sprache Kataloniens, und sowohl Katalanisch als auch Kastilisch (was ja die korrekte Bezeichnung für Spanisch ist) als *llengua oficial*. Damit sichert es zum einen die politische Bevorzugung des Katalanischen ab, zum andern aber auch die Zweisprachigkeit. Denn die Bevölkerung Kataloniens hat die »Pflicht«, beide *llengües oficials* gleichermaßen zu beherrschen – und das Recht, beide beigebracht zu bekommen.

Das Verhältnis von Katalanisch und Kastilisch im Alltagsgebrauch ist heute etwa fünfzig zu fünfzig, mit leichtem Vorsprung für das Katalanische. Allerdings gibt es große regionale Unterschiede. Während die Statistik für Barcelona sogar ein gewisses Kastilisch-Übergewicht ausweist, geben auf dem Land bis zu neunzig Prozent der Bewohner Katalanisch als alleinige Sprache ihres Alltags an. Ein Lehrer aus einem Dorf im Hinterland von Tarragona erzählte mir, daß Spanisch hier für manche Kinder tatsächlich eine Fremdsprache sei, die sie erst bei ihm in der Grundschule lernten: »Aber die meisten kennen sie schon aus dem Fernsehen.«

Eine verläßliche Faustregel für die Sprachverteilung in Katalonien ist: je weiter weg von der Küste und je weniger touristisch, desto weniger wird Spanisch gesprochen. Bei Urlaubern rechnet aber, wie gesagt, niemand damit, daß sie Katalanisch können. Wenn doch, werden die Ferien zur Intensivkur fürs Selbstbewußtsein, denn fällt man überall angenehm auf. Wobei man an der Costa Brava mit laut geäußerter, staunender Begeisterung rechnen kann, in besonders »katalanistischen« Städten wie Girona und Lleida immerhin mit einem anerkennenden Lächeln.

Was ist Katalanisch denn für eine Sprache? Eine romanische natürlich, eine der vielen, die nach dem Zerfall des Römischen Reichs aus Dialekten des Volkslatein entstanden. Erste Schriftzeugnisse stammen aus dem 9. Jahrhundert, und im Spätmittelalter zählte Katalanisch zu den großen Kultursprachen Europas. Es liegt, vereinfacht gesagt, zwischen Spanisch, Französisch und Italienisch, weist aber auch viele Merkmale auf, die sich in keiner dieser drei Sprachen wiederfinden. Besonders auffällig im Unterschied zum Kastilischen ist, daß am Wortende oft kein Vokal steht. Die für spanische Ohren befremdlichen konsonantischen Auslaute – zum Beispiel *pal (Stock)* statt kastilisch *palo, visc (ich lebe)* statt *vivo* oder *fort (stark)* statt *fuerte* – haben dazu geführt, daß man die Katalanen in Spanien manchmal *polacos* nennt, also Polen, was eine Beleidigung sein soll.

Im Vergleich mit Spanisch hört sich Katalanisch trotz der wenigeren Vokale vor allem weicher an. Es hat keinen gelispelten Zischlaut, und das J, das auf spanisch ja wie ein deutsches CH klingt, entspricht hier der französischen Aussprache, wie in *Journalist*. Der im Katalanischen ziemlich häufige Buchstabe X wird meist wie das deutsche SCH ausgesprochen, je nach Gegend auch TSCH. Ob das ausreicht, um aus Katalanisch eine »schöne« Sprache zu machen, darüber gehen die

Meinungen auseinander. Ich finde, es kann wundervoll klingen, und empfehle zum sofortigen Beweis jede beliebige Aufnahme der Sängerin Maria del Mar Bonet (mehr zu ihr im Kapitel *Katalonien für die Ohren*).

Einen wirklich seltsamen Laut gibt es aber auch im Katalanischen: das LL, für das man ein L und ein J gleichzeitig sprechen muß. In erhabener Kniffligkeit tritt dieses Phonem im Nachnamen des großen mittelalterlichen Gelehrten Ramon Llull zutage, dessen Werk dem Katalanischen den Status als Literatursprache verschaffte. Das nach ihm benannte *Institut Ramon Llull* (sozusagen das katalanische Pendant zum Goethe-Institut) hat das markante Doppel-Doppel-L konsequenterweise zu seinem Logo gemacht, zumal es kleingeschrieben, also llll, auch noch an die vier Streifen der katalanischen Flagge denken läßt.

Ob Sie Katalanisch lernen sollen? Wenn Sie schon Spanisch oder Französisch sprechen, oder auch Italienisch oder Portugiesisch, würde ich sagen ja. Dann ist es nicht besonders schwer. Wenn Sie aber noch keine andere romanische Sprache können, würde ich an Ihrer Stelle erst Spanisch lernen – aus dem altbekannten Grund, daß Katalanisch etwa zehn Millionen Menschen sprechen und Spanisch über 400 Millionen. Es sei denn, Sie können zwar keine romanische Sprache, sind jedoch fest entschlossen, nach Mallorca überzusiedeln. Dann lernen Sie bitte Katalanisch, um sich wohltuend von Ihren Landsleuten zu unterscheiden, die in der *llengua pròpia* der Insel oft nur eine Schrulle störrischer Eingeborener sehen. Allerdings ist das mallorquinische Katalanisch ein besonders seltsamer Dialekt.

Was aber wiederum paßt, denn Katalanen finden unsere Sprache ebenfalls sehr merkwürdig. Von einer eigentümlichen Faszination für das Deutsche zeugen etwa manche Geschäftsnamen in Barcelona: da heißen Kneipen *Liebe Dich*, *Osterhase* oder *Hermann Bier*, es gibt den Kindergarten *Kasperle*, und auf dem Schild einer längst stillgelegten öffentlichen Sauna (was zur Franco-Zeit oft die Tarnbezeichnung für die verbotenen Bordelle war) steht *Sauland.* An einem Imbißstand in Barcelona habe ich auch die schönste Variation des klassischen Deutschlandbild-Zubehörs Bratwurst gelesen: *Wratswurg.* Getoppt für meinen Geschmack nur noch von einer weiteren Wurstspezialität, die in einer Bar im Viertel Gràcia unter dem Namen *Grobert* angeboten wurde.

Vier rote Streifen

Katalonien kommt in der Geschichtsschreibung zu kurz. Das meinen zumindest viele Katalanen, und es ist wohl eine typische Haltung von Einwohnern eines kleinen Landes, das früher einmal groß war und dann ›geschluckt‹ worden ist. Geschichte, so geht die Argumentation weiter, wird von den Siegern oder im Sinne der Sieger geschrieben, den Verlierern bleibt nur die Beharrlichkeit ihrer Erinnerung – als *Gegengeschichte*.

Seien Sie unbesorgt, ich höre gleich wieder auf, hier fragwürdige Selbststilisierungen nachzubeten. Zumal Katalonien seit drei Jahrzehnten ja wieder die Freiheit hat, der spanischen, französischen oder europäischen Historiographie eigene Sichtweisen entgegenzusetzen, und von dieser Freiheit auch ausgiebig Gebrauch macht.

Andererseits nimmt man das außerhalb Kataloniens kaum zur Kenntnis. Oder wie gut kennen Sie sich in katalanischer Geschichte aus? Falls gut, dann können Sie dieses Kapitel eigentlich überspringen. Falls aber nicht so gut oder gar nicht, dann seien Sie hiermit zu einem kleinen Crashkurs eingeladen. Ich versuche mich auf Daten zu beschränken, die Ihnen in Katalonien immer wieder begegnen werden, und auf Ereignisse, die für das heutige katalanische Selbstbewußtsein – oder auch für besondere katalanische Empfindlichkeiten – wesentlich sind.

Die ersten 450 000 Jahre, seit sich in Höhlen des Roussillon frühe Europäer tummelten, überspringe ich, und, so prägend sie war, auch noch die römische Phase. Der Crashkurs beginnt im Mittelalter, mit einem Gründungsmythos.

Ein drückender Sommerabend vor den Toren von Barcelona, es ist der 11. August 897. Wilfried der Behaarte, alternder Draufgänger und Herrscher über die Grafschaften von Urgell, Cerdanya, Girona, Barcelona und Osona, hat mal wieder eine Schlacht gegen die Sarazenen geschlagen. An diesem Tag war das Glück nicht auf seiner Seite. Er liegt schwerverwundet am Feldrand und spürt, daß es mit ihm zu Ende geht. Mit letzter Kraft greift er nach seinem goldenen Schild, taucht die Finger der anderen Hand ins Blut seiner Wunde und zieht damit vier rote Streifen über den Schild. So erfindet der sterbende Gründer Kataloniens noch schnell das Wappen für sein Reich.

In anderen Versionen der Legende heißt es, nicht Graf Wilfried habe die Finger in sein Blut getaucht, sondern sein Lehnsherr, der Frankenkönig persönlich. Genannt wird entweder Ludwig der Fromme oder sein Sohn Karl der Kahle, bloß waren beide im Jahr 897 längst tot, und im westfränkischen Reich regierte ein gewisser Odo von Paris. Wie auch immer, die vier roten Streifen auf gelbem Grund sind heute in Katalonien allgegenwärtig: als Farben der *senyera*, der katalanischen Flagge.

Wilfried der Behaarte, oder Guifré el Pilós, wie man ihn hier nennt, hatte durch den Zusammenschluß mehrerer Grafschaften der Hispanischen Mark – der dauerumkämpften fränkischen Pufferzone gegen das arabische Emirat von Córdoba – tatsächlich ein neues, weitgehend eigenständiges Herrschaftsgebiet im Nordosten der Halbinsel geschaffen. Hauptstadt dieses Gebildes war schon damals Barcelona. *Comte de Barcelona*, Graf von Barcelona, lautete auch der Titel, den Wilfrieds Nachfolger führten. Ihnen gelang es, sich ganz vom fränkischen Einfluß zu lösen, und sie nutzten die Schwäche der unter sich zerstrittenen arabischen Kleinkönige, um ihren Machtbereich nach Süden und Westen zu erweitern. Jeder eroberte Flecken, egal wie mickrig, wurde sofort durch aufwendige Trutzbauten gesichert und dem Befehl eines ehrgeizigen Adligen unterstellt. Wenn Sie sich ein Bild von diesen Zeiten machen wollen, nehmen Sie sich ein, zwei Tage für die *Ruta dels Castells*, die Burgen-Route, die durch verschiedene hügelige Comarques der Provinz Lleida führt. Sie finden dort lauter winzige Dörfer, in deren Mitte sich gewaltige Festungen erheben. »Wie ein paranoides Märchenland«, um eine Freundin zu zitieren, die in der Gegend aufgewachsen ist. Am besten, Sie unternehmen die kleine Reise im Mai, zur Schnecken-Hauptsaison: die sind in dieser Gegend nämlich eine Delikatesse.

Im Jahr 1112 vermählte sich Ramon Berenguer III., Graf von Barcelona, mit Dolça, die als Alleinerbin der Grafschaft Provence weite Teile des heutigen Südfrankreich mit in die Ehe einbrachte. In Schriftstücken aus dieser Phase taucht als Bezeichnung für das angesammelte Land erstmals das Wort Katalonien auf. Der nächste Graf heiratete noch erfolgreicher, nämlich Peronella, die vierzehnjährige Prinzessin des kleinen Königreichs Aragón, mit der er zuvor bereits dreizehn Jahre lang verlobt gewesen war. Ein Sohn aus dieser arrangierten Ehe, Alfons, durfte sich dann als erster Abkömmling der Dynastie von Barcelona König nennen.

In den folgenden Jahrhunderten stieg das Reich Katalonien-Aragón zu einer der führenden Mittelmeermächte auf. Zeitweise umfaßte es nicht nur den Osten der Iberischen Halbinsel und die Balearen, sondern auch Sardinien, Sizilien und das Königreich Neapel sowie ein Stück von Griechenland einschließlich Athens. Durch ein dichtes Netz von Konsulaten im ganzen mediterranen Raum sicherte es seine Vormachtstellung im Seehandel ab.

Verloren gingen allerdings schon im 13. Jahrhundert wieder die provenzalischen Gebiete. Beim Kreuzzug gegen die Katharer stellte sich Aragón gegen die päpstlichen Truppen, unterlag und gab daraufhin seinen Herrschaftsbereich östlich des Roussillon auf. Von dieser Zeit an entwickelten sich auch die katalanische und die okzitanische Sprache auseinander, zwischen denen man zuvor keinen Unterschied gesehen hatte. Das Okzitanische blühte in der mittelalterlichen Trobador-Dichtung auf, später erlitt es das Schicksal aller Minderheitensprachen in Frankreich, und heute ist es vom Aussterben bedroht. Offiziellen Status hat es nur noch in einem abgelegenen Pyrenäental – dem Val d'Aran, dem nordwestlichsten Zipfel Kataloniens. Dort konnte sich über die Jahrhunderte ein okzitanischer Dialekt mit baskischen Einsprengseln halten (*Aran* zum Beispiel ist ein altes baskisches Wort für Tal, so daß Val d'Aran eigentlich Tal-Tal bedeutet) und genießt nun Artenschutz im Rahmen des katalanischen Autonomiestatuts.

Doch zurück zum Königreich Aragón. Es gilt als für damalige Verhältnisse fortschrittliches Staatsgebilde, zum einen, weil es als Konföderation organisiert war: seine Kernstücke, also Katalonien und Aragón, später auch noch Valencia, traten nach außen hin einheitlich auf, waren aber innenpolitisch weitgehend autonom. Zum anderen entwickelte man hier schon früh Formen der parlamentarischen Mitbestimmung. Zogen die Könige bei großen Entscheidungen üblicherweise Vertreter der Kirche und des Adels hinzu, so fanden mit dem Handelsaufschwung und dem Wachstum der Städte auch ein paar Abgesandte der reichen Kaufleute Platz im Beraterkreis. Die sogenannten *Corts* wurden zur festen Institution: sie traten regelmäßig zusammen und durften seit dem späten 13. Jahrhundert sogar eigenständig Gesetze erlassen. Doch sie hatten der Krone gegenüber auch Pflichten, zum Beispiel mußten sie für Feldzüge und andere königliche Unternehmungen die Finanzierung sichern. Als die dafür ersonnenen Steuergesetze den Ratsherren zu unübersichtlich wurden, gründeten sie eine Behörde, die speziell fürs Geldeintreiben zuständig war – die *Generalitat*. Mit der Zeit gewann diese Behörde immer größeren politischen Einfluß, und im 15. Jahrhundert löste sie die Corts als wichtigste Kontrollinstanz der aragonesischen Monarchen ab. Rund 300 Jahre lang konnte die Generalitat das Reich mehr oder weniger energisch mitregieren. In ihrer Tradition sehen sich die heutigen Autonomieregierungen von Katalonien und Valencia und heißen deshalb beide ebenfalls Generalitat.

Das Spätmittelalter war für Katalonien-Aragón nicht nur die Epoche seiner größten Machtfülle, sondern auch eine kulturelle Hochphase. Der schon erwähnte Universalgelehrte Ramon Llull (international eher als Raimundus Lullus bekannt), geboren um 1232 auf Mallorca, schrieb Romane und lange philosophische Abhandlungen als erster nicht mehr nur auf lateinisch, sondern auch in der »Sprache des Volks« – dreißig Jahre vor Dante in Italien, wie man hier gerne betont. Weitere Klassiker der frühen katalanischsprachigen Literatur sind die Gedichte des Valencianers Ausiàs March, die sich von den alten Trobador-Mustern lösten und zu einem individuellen, »neuzeitlichen« Tonfall fanden, und der von seinem Schwager Joanot Martorell verfaßte Ritterroman *Tirant lo Blanc*. Ihm erwies auch Cervantes seine Ehre: als in *Don Quijote* der Dorfpriester Quijotes Bücher verbrennt, ist *Tirant lo Blanc* das einzige, das er ausnimmt – mit der Begründung, es sei »das beste Buch der Welt«. Und das, obwohl der Roman für seine freizügigen Sexszenen berühmt ist.

1469 kam es im Königshaus Aragón wieder einmal zu einer folgenschweren Hochzeit. Der Thronfolger, Ferran II., heiratete die künftige Königin eines Nachbarstaats im Westen, der nach und nach zur zweiten christlichen Großmacht auf der Halbinsel angewachsen war. Die Braut hieß Isabel von Kastilien. Hatte bis dahin die Heiratspolitik meistens günstige Folgen für das Reich gehabt, so bedeutete diese Ehe den Anfang vom Ende der katalanisch-aragonesischen Krone. Isabel und Ferran gingen als *die Katholischen Könige* in die Geschichte ein. Sie eroberten Granada, das letzte Überbleibsel arabischer Herrschaft in Europa, und sie ermöglichten Kolumbus seine Amerikareisen. Auf ihr Konto gehen auch die Gründung der spanischen Inquisition und die Enteignung und Vertreibung der Juden aus beiden Reichen.

Oft wird die Ehe der zwei Glaubensfanatiker mit der »Geburt Spaniens« gleichgesetzt, doch so haben sie sich spanische Nationalisten erst später zurechtgedeutet. Mit dem Tod Isabels endete die Verbindung der Königreiche fürs erste wieder. Ab 1516 blieben sie dann zwar tatsächlich unter gemeinsamer Herrschaft, Katalonien-Aragón behielt aber noch zwei Jahrhunderte lang seine eigene Gesetzgebung und Verwaltung bei, also auch die Institution der Generalitat. Allerdings verlor es fast allen außenpolitischen Einfluß und war vom immer bedeutsameren Amerikahandel ausgeschlossen.

Erste Bestrebungen, aus den Ländern der Iberischen Halbinsel einen kastilischsprachigen Einheitsstaat zu machen, kamen im 17. Jahrhundert auf. Geradezu besessen von dieser Idee war der Herzog von Olivares, Premierminister unter König Philipp IV. Seine Versuche, die verschiedenen Reichsteile einem kastilischen Zentralismus zu unterwerfen, gingen aber durchweg nach hinten los: Portugal revoltierte und gewann seine Unabhängigkeit zurück, Andalusien war kurz davor, sich ebenfalls abzuspalten. Und Katalonien erlebte den *Aufstand der Schnitter.*

Es war im Frühjahr 1640, Spanien und Frankreich bekämpften sich im Dreißigjährigen Krieg, und der Herzog von Olivares hatte die Front bewußt ins widerspenstige Katalonien verlegt. Erzürnt darüber, daß sie Tausende von Soldaten auf ihrem Land zu beherbergen und durchzufüttern hatten, erhoben sich zunächst die Bauern in der Gegend von

Girona. Schnell griff die Rebellion auf ganz Katalonien über und erreichte im Juni in Barcelona ihren Höhepunkt. Die aufständischen Bauern vereinten sich mit den Schnittern, auf katalanisch *segadors*, die zu Fronleichnam mit ihren Sicheln in die Hauptstadt kamen, um sich für die Weizenernte zu verdingen. Sie brachten Barcelona in ihre Gewalt, töteten etliche Würdenträger und auch den Statthalter des Königs.

Die Ereignisse boten Stoff für deftige Bänkellieder, und eins dieser Lieder ist inzwischen zu höchsten amtlichen Ehren gekommen: 1993 wurde *Els Segadors* – mit dem ruppigen Refrain *Bon cop de falç, defensors de la terra! (Guten Sichelschlag, Verteidiger des Landes!)* – vom katalanischen Parlament zur Hymne Kataloniens erklärt. Ein Aufstand, der sich als patriotische Erhebung gegen unverschämte kastilische Besatzer verkaufen läßt, auch wenn es sich in Wahrheit wohl eher um eine Revolte der verarmten Landbevölkerung gegen den Adel und das reiche Bürgertum handelte, paßt heute bestens ins Selbstbild des katalanischen Nationalismus.

Tatsächlich nutzte 1641 der damalige Präsident der Generalitat, Pau Claris, die Folgen des Schnitteraufstands, um eine katalanische Republik auszurufen. Da er aber keine Kontrolle über die Bauernmilizen hatte, stellte er seine Regierung unter französischen Schutz. So wurde Katalonien erneut zum Spielball im Krieg zwischen Spanien und Frankreich, und an dessen Ende stand 1659 der Pyrenäenfriede, mit dem alle katalanischen Gebiete nördlich des Gebirges in französischen Besitz übergingen – wo sie sich ja noch heute befinden.

Daß der 11. September ein trauriger Tag ist, weiß man in Katalonien seit 1714. Wieder lag man im Krieg, wieder hatte es Hoffnungen gegeben, sich von der kastilischen Vorherrschaft befreien zu können, und wieder hatte man auf die falschen Verbündeten gesetzt. In diesem Fall waren es die Österreicher. Das Geschlecht der Habsburger stritt mit den Bourbonen um den spanischen Thron, halb Europa war in die Kämpfe verwickelt. Am Schluß, als die Bourbonen gesiegt und alle sich geeinigt hatten, standen die aufmüpfigen Reste des Reichs Aragón allein einer übermächtigen spanisch-französischen Armee gegenüber. Am besagten 11. September brach der letzte Widerstand zusammen, Barcelona kapitulierte. Um die »Abtrünnigen« ein für allemal zu bezähmen, erließ Philipp V., der neue spanische König, die *Decretos de Nueva Planta*. Kraft dieser Dekrete verloren die Länder der Krone von Aragón jede politische Eigenständigkeit. Die Generalitat wurde abgeschafft, der Gebrauch der katalanischen Sprache in allen offiziellen Zusammenhängen verboten.

Der katalanische Nationalismus ist ein Masochismus. Und so hat er sich das Datum der größten Niederlage Kataloniens als »Nationalfeiertag« ausgesucht – mit der Begründung, der 11. September stehe nicht nur für den Verlust der Freiheitsrechte, sondern ebenso für die Hoffnung auf eine »vollständige nationale Wiederherstellung«. Als Ausdruck dieser Hoffnung taucht sich Katalonien jedes Jahr an diesem Tag in ein Meer von roten Streifen auf gelbem Grund. Ist die Flagge, die Wilfried der Behaarte gestiftet haben soll, hier schon im Alltag sehr präsent, so scheint sie zur *Diada Nacional* das ganze Land einzukleiden. Für den Anlaß sehr beliebt sind Abwandlungen, die am inneren Rand noch einen Stern in einem Dreieck zeigen. Wer diese besternte Fahne, die *senyera estelada*, schwenkt, gibt sich unmißverständlich als Separatist zu erkennen.

Bei den Festakten versuchen sich aber auch die gemäßigten politischen Parteien in Sachen zur Schau gestellter Vaterlandsliebe gegenseitig zu übertrumpfen. Besonders bei der Hauptkundgebung im Parc de la Ciutadella in Barcelona ist man Jahr für Jahr um neue Pathos-Rekorde bemüht. Zugleich legt man Wert auf zugkräftiges Spektakel. Zwischen feierlichen Ansprachen und erbaulichen Lesungen katalanischer Klassiker spielen international renommierte Künstler auf, 2006 zum Beispiel die Fado-Sängerin Mísia. Am Denkmal für die unglücklichen Helden von 1714 darf gleich nach dem Präsidenten der Generalitat auch der Präsident des FC Barcelona einen Kranz niederlegen und versichern, daß sein Verein »die Katalanität« repräsentiere. Zum Abschluß der Show wird natürlich eine riesige Senyera gehißt, und der berühmte Chor von Montserrat singt mit glockenhellen Knabenstimmen die Hymne *Els Segadors*.

Nach den *Decretos de Nueva Planta* im 18. Jahrhundert war tatsächlich für lange Zeit Schluß mit der katalanischen Selbständigkeit. Katalonien wurde nun zwar für seine Weine geschätzt, erlebte einen Wirtschaftsaufschwung und durfte auch endlich beim Amerikahandel mitmischen. Doch all das als Region des spanischen Königreichs, deren eigene Kultur und Sprache nach außen hin keine Rolle mehr spielten. Ein Großteil des katalanischen Bürgertums gewöhnte es sich an, Kastilisch zu sprechen, die *llengua pròpia* lebte vor allem unter den ›einfachen Leuten‹ fort.

Unter Napoleon wurde Katalonien, wie fast ganz Spanien, für einige Jahre französisch besetzt. Auf diese Phase geht die immer wieder gerne erzählte Geschichte vom *Timbaler de Bruc*, dem Trommler von Bruc, zurück: im Juni 1808 soll ein einzelner katalanischer Jüngling eine ganze Armeekolonne Napoleons in die Flucht geschlagen haben, indem er in einer Schlucht des Montserrat die Trommel schlug und dabei das Echo der Berge so geschickt nutzte, daß die Franzosen glaubten, ein riesiges Heer käme auf sie zu. Offenbar wurden sie sich aber sehr bald über ihren Irrtum klar.

Gegen Mitte des Jahrhunderts breitete sich dann unter katalanischen Intellektuellen ein neues Selbstbewußtsein aus. Bereits 1833 erschien in einer Zeitschrift in Barcelona, die *El vapor, Der Dampf,* hieß (es war ja die Epoche der Industrialisierung) ein aufsehenerregendes Gedicht mit dem Titel *La Pàtria – Die Heimat*. Der Verfasser, Bonaventura Carles Aribau, war einige Jahre zuvor nach Madrid gezogen und arbeitete dort für einen Bankier, dem er *La Pàtria* zum Namenstag verehrte. Doch zur Lobpreisung seines Chefs kommt er erst in den letzten vier Zeilen. Alle anderen Verse beschwören in schwelgerisch-nostalgischem Ton katalanische Landschaften herauf, vergangene Größe, persönliche Erinnerungen – und den Zauber der alten Sprache, die der Dichter *llemosí* nennt. Das Wort bezeichnet eigentlich die Region Limousin in Frankreich und den dortigen Dialekt des Okzitanischen, es ist aber auch ein altmodisches Synonym für Katalanisch. Auf *llemosí*, so Aribaus lyrisches Ich, habe es seine ersten Seufzer getan, als Kind seine täglichen Gebete gesprochen und jede Nacht geträumt. Noch immer halte es, wenn es allein sei, auf *llemosí* Zwiesprache mit der eigenen Seele:

> e ma boca llavors no sap mentir ni ment,
> puix surten mes raons del centre de mon pit.
>
> (Und mein Mund ist dann zu keiner Lüge fähig,
> Denn meine Worte kommen aus der Mitte
> meiner Brust.)

Diese Ode an die Heimat ist ein Abgesang. Obwohl selbst auf katalanisch geschrieben, stellt sie die Sprache als etwas dar, das unweigerlich und unwiederbringlich verlorengeht. Der Dichter schaut zurück und nimmt Abschied – »per sempre adéusiau«, so heißt es gleich am Anfang, »Lebewohl für immer«.

Im krassen Gegensatz zum Inhalt steht die Wirkung von Aribaus Gedicht: es gilt heute als Startsignal für die *Renaixença*, die kulturelle »Wiedergeburt« Kataloniens. Beflügelt vom regionalen Wirtschaftsboom und begünstigt durch einen schwächelnden spanischen Zentralstaat griff der Patriotismus um sich. Auf einmal fanden es die gebildeten Kreise wieder schick, Katalanisch zu sprechen, man brachte Katalonien mit dem modischen Begriff der Nation in Verbindung und begann das glorreiche Mittelalter zu erforschen. Zum Markenzeichen der Renaixença wurden ab 1859 die *Jocs Florals*, *Blumenspiele*, eine Neuauflage der feierlichen Dichterwettstreite aus Trobador-Zeiten. Die antretenden Poeten maßen sich in den Disziplinen Vaterland, Glaube und Liebe, und wer es schaffte, bei jedem dieser Themen zum Sieger erklärt zu werden, durfte sich *Mestre en Gai Saber* nennen, *Meister der Fröhlichen Wissenschaft*. »Es wurde drei Stunden lang Katalanisch geredet, und niemand hat gelacht«, resümierte nach den ersten Blumenspielen einer der Veranstalter.

Am Ende des Jahrhunderts steht wieder eine berühmte Ode. Sie hält sich allerdings nicht mehr mit katalanischer Nabelschau auf, sondern zielt selbstsicher nach außen – die *Oda a Espanya* von Joan Maragall. Spanien, so fordern die ersten Zeilen, soll auf »die Stimme eines Sohnes« hören, der sich auf katalanisch äußert: »en aquesta llengua pocs t'han parlat; / en l'altra, massa« – »In dieser Sprache haben wenige zu dir gesprochen; / In der anderen zu viele.« Es folgt eine Art Gardinenpredigt an das Mutterland, voller Anspielungen auf den Krieg gegen die USA, mit dem Spanien 1898 seine letzten Besitztümer in der Neuen Welt verlor. Zum Schluß heißt es wieder Lebewohl, aber ganz anders als bei Aribau: »Adéu, Espanya!«

Diese Worte blieben im frühen 20. Jahrhundert in Katalonien Programm. 1906 veröffentlichte der Politiker Enric Prat de la Riba sein Buch *La nacionalitat catalana*, das bis heute als Bibel des katalanischen Nationalismus gilt. Drei Jahre später herrschten in Barcelona bürgerkriegsähnliche Zustände: ein Generalstreik war außer Kontrolle geraten, Kirchen brannten, vor Unternehmervillen gingen Bomben hoch. Die spanische Regierung, die sich von katalanischen Separatisten und von der Arbeiterbewegung doppelt bedroht fühlte, reagierte mit blinder militärischer Gewalt. Nach dieser *Setmana Tràgica*, der *tragischen Woche*, blieben die Fronten dauerhaft verhärtet. Die Hauptrolle im Widerstand gegen den Zentralstaat spielte nun aber auch in Katalonien nicht mehr das patriotische Lager, sondern der Anarchismus. Er bündelte seine Kräfte in der CNT *(Confederación Nacional del Trabajo)* – der legendären anarchistischen Gewerkschaft, die zu ihren besten Zeiten eine

Million Mitglieder zählte und dabei nur einen einzigen bezahlten Funktionär hatte. Während die CNT in unzähligen Streiks und Straßenkämpfen das teils noch feudale Klassengefüge der spanischen Gesellschaft erschütterte, kamen die separatistischen Politiker Kataloniens ihrem Ziel einer neuen Selbstverwaltung zumindest um einige Trockenübungen näher: sie gründeten eine Pseudoregierung namens *Mancomunitat*, die zwar fast keine Befugnisse hatte, aber in Sachen katalanischer Kulturarbeit einiges erreichte und auch schon mal ein Autonomiestatut für Katalonien ausarbeitete. Unter der Diktatur von Primo de Rivera, der ab 1923 in Spanien herrschte, war es mit solchen Eigenmächtigkeiten wieder vorbei. Zwar versuchte zwischendurch der katalanische Republikaner Francesc Macià an der Spitze einer kleinen Umstürzlertruppe von Perpignan aus über die Pyrenäen zu marschieren, doch das Abenteuer endete schon an der Grenze, in den Fängen der französischen Gendarmerie.

1931 gewannen in Spanien die demokratischen Kräfte die Oberhand, und Francesc Macià, mit Mitte Siebzig immer noch politischer Heißsporn, avancierte zur Leitfigur der zugleich separatistischen und sozialistischen Partei ERC *(Esquerra Republicana de Catalunya, Republikanische Linke Kataloniens)*. Am selben Tag, als in Madrid die Spanische Republik verkündet wurde, rief er vom Balkon des Rathauses von Barcelona die Republik Katalonien aus. Danach brauchte er nur kurz über die Plaça Sant Jaume zu schreiten, um sich auf dem Balkon des gegenüberliegenden alten Palasts der Generalitat noch selbst zum katalanischen Regierungschef zu ernennen. Dieses Amt behielt er, auch wenn Abgesandte Madrids ihm in zähen Verhandlungen die Republik Katalonien wieder ausreden konnten: die neu belebte Generalitat de Catalunya wählte den kämpferischen Greis zu ihrem ersten Präsidenten.

Für die kurze Dauer der Spanischen Republik war Katalonien so eigenständig wie seit Jahrhunderten nicht. Doch schon Maciàs Nachfolger, Lluís Companys, endete als patriotischer

Märtyrer, von einem Militärgericht zum Tod verurteilt und auf dem Berg Montjuïc in Barcelona erschossen, ein letztes »Visca Catalunya!« auf den Lippen.

Zuvor hatte sich Katalonien den Armeen der Faschisten im Spanischen Bürgerkrieg zweieinhalb Jahre lang widersetzten können – seit im Juli 1936 die anarchistischen Arbeitermilizen Francos Invasionsheer aus Barcelona zurückdrängten. Mit diesem Sieg brach *Der kurze Sommer der Anarchie* an, wie ihn Hans Magnus Enzensberger in seinem immer noch äußerst lesenswerten Buch zum Thema nennt: für einen historischen Moment lag die Macht über ganz Katalonien in den Händen der CNT. Doch die Anarchisten verzichteten darauf, die Generalitat abzusetzen, und während sie sich durch die intrigante Politik der spanischen Kommunisten nach und nach zerreiben ließen, konnte Präsident Companys seine Stellung zunächst wieder festigen.

1938 wurde Katalonien zum Schauplatz der mörderischsten Gefechte des Bürgerkriegs: in der *batalla de l'Ebre*, der Schlacht am Ebro, massakrierten sich die Armeen der »zwei Spanien« vier Monate lang. Unterstützt von den Fliegern der Legion Condor aus Nazi-Deutschland, die auch schon die baskische Stadt Gernika zerbombt hatten, konnten die Faschisten die Schlacht, und mit ihr den Krieg, für sich entscheiden.

Vielleicht haben Sie ja Lust, einmal an den alten Frontlinien im äußersten Südwesten Kataloniens entlang zu reisen. Und vielleicht erleben Sie dann den Kontrast zwischen den wildromantischen Flußlandschaften der Terres de l'Ebre mit ihren stillen, malerischen Dörfern einerseits und der blutigen Erinnerung andererseits als letzten Beweis für die unfaßbare Dummheit aller Kriege. An vielen Orten werden Sie Gedenkstätten finden, in der Stadt Gandesa sogar ein eigenes Museum für die Ebro-Schlacht. Und wenn Sie zufällig Mitte Juni hier unterwegs sind, sollten Sie noch auf das Kirschenfest in Miravet gehen – da werden am Flußufer gigantische Paellas gekocht wie im Spanien-Bilderbuch, es gibt Tanz und Markt und einen großen Backwettbewerb. Und natürlich Unmengen Kirschen, die, klarer Fall, eine der herausragenden Spezialitäten der Comarca sind.

Am 1. April 1939 war das Ende der Spanischen Republik besiegelt. Der siegreiche »Generalísimo« Francisco Franco ließ sich nun »Führer Spaniens von Gottes Gnaden« nennen und lähmte das Land fast vier Jahrzehnte lang mit seiner Doktrin des »Nationalkatholizismus« – einer Mischung aus bigotter Rückschrittlichkeit, kastilisch-nationalistischem Einheitswahn und Polizeiterror. Vor allem in der ersten Zeit versuchte das Regime mit aller Härte, den Gebrauch der katalanischen Sprache zu unterbinden, die offiziell auch nur noch ein unerwünschter Dialekt des rein zu haltenden Spanisch war. Als nach dem Zweiten Weltkrieg die deutschen und italienischen Verbündeten wegfielen und es darum ging, UN-Mitglied zu werden, Standort für amerikanische Militärstützpunkte oder Teutonengrill, lockerte Franco zwar manche der gröbsten Repressionen. Doch im Grunde änderte sich an der Unterdrückung Kataloniens ebensowenig wie an der brutalen Verfolgung vermeintlicher »Bolschewisten«, bis der Diktator Ende 1975 friedlich im Bett entschlief. Auch der bewaffnete Widerstand, von den Guerrilla-Angriffen der *Maquis* in den vierziger Jahren bis zu den ersten Attentaten von ETA, hatte dem Regime nicht wirklich gefährlich werden können.

Auf den Tod des »Caudillo« folgte in Spanien kein abrupter Systemwechsel, sondern die *transición*, der gemächliche Übergang in die Demokratie – beziehungsweise in die konstitutionelle Monarchie. Francos Plan, nach dem Ende seiner Herrschaft das bourbonische Königshaus wieder einzusetzen, ging in Erfüllung. Bloß zogen es Juan Carlos II. und das Militär vor, die Regierungsgeschäfte an ein vom Volk gewähltes Parlament zu übertragen.

Während der Diktatur hatte im französischen Exil weiterhin eine Generalitat de Catalunya amtiert, wenn auch nur symbolisch. Ende 1977 konnte deren Präsident, Josep Tarradellas, nach Barcelona zurückkehren und triumphal in den Palast an der Plaça Sant Jaume einziehen. Zwei Jahre später erhielt Katalonien wieder ein Autonomiestatut. Die Zeit der *normalització* brach an. Sie wurde begleitet von einem Phänomen politischer Langlebigkeit, gegen das selbst die endlose ›Ära Kohl‹ in Deutschland verblaßt: 23 Jahre lang hieß der katalanische Präsident ein ums andere Mal Jordi Pujol. Erst nach den Wahlen von 2003 konnte seine mäßig konservative und mäßig separatistische Gruppierung CiU im Parlament keine Mehrheit mehr organisieren.

Nation ohne Staat?

Ein Deutschkurs für ausländische Studenten in Berlin, Konversationsübungen. Die Frage lautet: »Was wünschen Sie sich?« Reihum geben Amerikanerinnen, Italiener und Polinnen ihre Antworten, vom Haus am Meer über jede Nacht Party bis Weltfrieden. Dann ist der einzige Katalane in der Runde dran. Er sagt: »Freiheit für mein Volk.« Und als eine junge Römerin anfängt, ihm für diesen Spruch, so gut es auf deutsch schon geht, den Kopf zu waschen, begreift er die Welt nicht mehr. Eine solche Reaktion auf sein Herzensthema hätte er im Ausland nicht erwartet. Er weiß, daß die von Madrid gelenkten Spanier alle gegen Katalonien eingeschworen sind. Aber im fortschrittlichen Europa muß doch Verständnis herrschen für den Wunsch, eine jahrhundertelange Unterdrükkung endlich abzuschütteln.

Die Szene hat sich wirklich zugetragen, und sie ist keine Ausnahme. Natürlich denken längst nicht alle Katalanen so wie dieser Student, aber ziemlich viele. »Katalanist« zu sein gilt hier keineswegs als anrüchig, vor allem nicht unter jungen Leuten. Aber wenn Sie sich nun Sorgen machen, das schöne

Land könnte einem revanchistischen Wahn verfallen sein, und Ihnen scheint, Sie hätten neulich in einem Artikel über Spanien das Wort »Balkanisierung« gelesen, dann schauen Sie sich die Flugblätter oder Aktionsprogramme der katalanischen Separatisten einmal genauer an. Gelegenheit bietet sich an jedem Gedenktag und bei fast jeder Demonstration; beides kommt hier häufig vor. Parolen wie *Unabhängiges Katalonien* oder *Vereinigte katalanische Länder* stehen dann ganz selbstverständlich neben Forderungen wie *Offene Grenzen für alle Flüchtlinge*, *Gegen die Diskriminierung von Schwulen und Lesben* oder *Solidarität mit den Hausbesetzern in Gràcia.* Und viele der Menschen, die sich unter der Senyera mit dem Stern sammeln und Freiheit für ihr Volk verlangen, sehen aus wie gestandene Antifa-Aktivisten. Es mag für uns nach einem Widerspruch in sich klingen, aber der katalanische Nationalismus ist großenteils eine linke Bewegung.

Und zwar schon seit langem. War die Renaixença mit ihren Blumenspielen und »Symbolen der Katalanität« noch ziemlich konservativ geprägt, so rückte der politische Katalanismus dann etwa im gleichen Maß nach links, wie sich die sozialen Spannungen im spanischen Staat verschärften. Die Partei ERC, die in den 1930er Jahren in Katalonien jede Wahl gewann, hatte ein nicht nur sehr fortschrittliches, sondern eindeutig sozialistisches Programm. Doch immer unter der Leitidee der *katalanischen Nation.*

Wie diese Verbindung funktioniert? Mit viel Romantik. Auf den ersten Blick unterscheidet sich der Katalanismus kaum von anderen vaterländischen Gefühlen. Wie jeder Nationalismus ist er eine Erfindung des 19. Jahrhunderts, und wie jeder Nationalismus tut er so, als hätte es ihn immer schon gegeben. *El fet nacional* nennt man das hier, *die nationale Tatsache.* Und eine Tatsache ist natürlich unhintergehbar. Den argumentativen Überbau lieferte Enric Prat de la Riba mit seiner Schrift *La nacionalitat catalana* von 1906, und er sieht ungefähr folgendermaßen aus:

Verfügt eine Gesellschaft über eine eigene Sprache, Kunst und Rechtstradition, teilt sie ein Gemeinschafts- und Heimatempfinden, einen gemeinsamen »Geist«, dann handelt es sich um eine Nation. Das ist ein *fet natural*, naturgegeben und damit abgekoppelt von der aktuellen Lage. Eine Nation bleibt eine Nation, egal ob sie politische Souveränität genießt. Im modernen Europa ist es allerdings üblich, daß eine Nation auch ihren eigenen Staat hat. Und wenn sie den nicht hat, sondern von einer anderen Nation mit in deren Staat gezwungen wird, so bedeutet dies eine »krankhafte Anormalität«, die es zu überwinden gilt. Jede Nation hat das Recht, ihren eigenen Staat zu bilden – und dann gegebenenfalls zu entscheiden, ob sie einen Bund mit anderen Staaten eingehen möchte.

Diesem Grundmuster folgt der katalanische Nationalismus bis heute. Katalonien sei naturgemäß eine Nation, und solange ihr verwehrt bleibe, was andere haben, nämlich der eigene Staat, sei sie eben *una nació sense estat*, eine Nation ohne Staat: unterdrückt, aber nicht unterzukriegen.

Wie schon gesagt ist der Katalanismus keine Blut-und-Boden-Ideologie. Er definiert Nation nicht über »Abstammung«, sondern allein über das Bekenntnis zu Sprache, Kultur und Geschichte. Für rassistische Auslegungen zeigt er sich deshalb kaum anfällig, dafür um so geeigneter für Visionen von einer anderen, gerechteren Gesellschaft, die man bauen will, sobald die Unabhängigkeit erreicht ist. Ebendas macht den Nationalismus hier auch mit linken Positionen vereinbar. *Independència i socialisme*, Unabhängigkeit und Sozialismus, ist eine Lieblingsformel (und kleinster gemeinsamer Nenner) vieler junger Katalanisten; gut möglich, daß sich auch der Student aus dem Berliner Sprachkurs darin wiederfindet.

Unter katalanischen Linken gilt der Abschied von utopischen Entwürfen nicht als Zeichen des Erwachsenwerdens, sondern der vermeidbaren Erschlaffung. Und der Traum vom eigenen Staat, in dem alles besser sein wird, dient als großer Energiespender. Entsprechend unbeirrt zeigen sich Katalanisten durch den Einwand, der Nationalismus habe in der Welt schon reichlich Schaden angerichtet. Aber unserer doch nicht, erwidern sie. Man hege hier ja keine imperialistischen Gelüste wie früher Deutschland oder eben auch Spanien. Im Gegenteil, das katalanische Konzept verbiete strikt, daß eine Nation sich eine andere einverleibe.

Typisch für den katalanischen Nationalismus ist die reflexhafte Parteinahme für verfolgte oder kämpferische Minderheiten in aller Welt, denen sich ebenfalls das Etikett »Nation ohne Staat« anheften läßt. Als 1999 der PKK-Chef Abdullah Öcalan festgenommen und in der Türkei wegen Hochverrats angeklagt wurde, fand ich es beeindruckend, wie viele Solidaritätskundgebungen es in Katalonien gab, obwohl hier fast keine Kurden leben. »Llibertat, Öcalan, Llibertat, Kurdistan!« skandierten lauter mitfühlende junge Katalanen. Ähnlich hoch ist die Bereitschaft zum ideellen Beistand, wenn es um Kosovo, Westsahara oder Nahost geht. Und zweifellos zimmern sich einige Gruppen aus dem Mantra *Wenn jede Nation ihren Staat hat, wird alles gut* sehr schlichte Weltbilder zurecht.

Ein besonderes Thema ist für den linken Katalanismus das Baskenland, wird man doch von denselben Staaten »fremdbestimmt« – von Spanien und Frankreich. Manche Turbo-Nationalisten gefallen sich darin, Sympathie für die Anschläge von ETA zu bekunden. Und eine Zeitlang sah es aus, als hätte Katalonien sogar seine eigene Terrororganisation. Sie hieß *Terra Lliure, Freies Land*, und gab ihre Gründung 1981 am Rand eines Fußballspiels im Stadion Camp Nou in Barcelona bekannt. Bei den Attentaten, die sie in den Jahren danach verübte, kamen aber vor allem ihre eigenen Mitglieder ums Leben. Das einzige externe Todesopfer von Terra Lliure war bei einem Bombenanschlag auf das Gerichtsgebäude der Stadt les Borges Blanques bei Lleida, bekannt für ihren Olivenöl-Themenpark, zu beklagen: eine umstürzende Mauer erschlug eine Nachbarin.

Am katalanischen Nationalfeiertag des Jahres 1995 löste sich Terra Lliure offiziell auf – und zwar in der Partei ERC. Die gibt es nämlich immer noch, und ihrem heutigen Vorsitzenden Josep-Lluís Carod-Rovira wird die Aussage zugeschrieben: »Alles, was links von der ERC steht, ist ein Fall für die Guardia Civil.«

Allerdings sind auch in Katalonien weder alle Linken Nationalisten noch alle Nationalisten Linke. Den weitaus größeren Stimmenanteil im katalanistischen Lager fährt, seit es hier wieder Wahlen gibt, eine eher konservative Gruppierung ein: CiU, der Zusammenschluß zweier bürgerlich-liberaler Parteien namens *Convergència* und *Unió*. Galionsfigur dieses Bündnisses war Jordi Pujol, der katalanische Dauerpräsident von 1980 bis 2003.

Beim Glaubensbekenntnis von der Nation ohne Staat unterscheiden sich die linke und die bürgerliche Strömung kaum. Aber mit der Kombination *independència i socialisme* haben die CiU-Leute natürlich wenig am Hut. Ihr Leitbild ist ein menschelnder Pragmatismus, den sie für urkatalanisch halten. Sie streben keine neue Gesellschaft an, sondern setzen auf die Europäische Union. In ihr sehen sie die Chance, die heutige Staatenaufteilung nach und nach zu überwinden und den Kontinent in einen Verbund von lauter gleichberechtigten Klein-Nationen umzuwandeln.

Der bürgerliche Nationalismus verkörpert im heutigen Katalonien das Establishment. In seinen über zwei Jahrzehnten an der Regierung hat er das Land tief prägen können. Die gesamte Kampagne der Sprachnormalisierung trägt seine Handschrift, ebenso die salbungsvolle Art, in der die Erinnerung an einstige Glorie oder an die schwere Franco-Zeit inszeniert wird. Auch der internationale PR-Coup um den 23. April, den Tag des heiligen Georg, verdankt sich im wesentlichen der bürgerlich-katalanistischen Lobbyarbeit. Das Fest von Sant Jordi, der Kataloniens Schutzheiliger ist, hat hier traditionell die gleiche Bedeutung wie anderswo der

Valentinstag, allerdings mit der Nuance, daß sich die Liebenden nicht nur eine Rose, sondern dazu noch ein Buch schenken. Buchhändler im ganzen Land verkaufen zur Feier des Tages ihre Ware an Straßenständen zum Sonderpreis. 1995 ließ die UNESCO sich überzeugen, den 23. April in Anlehnung an diesen Brauch zum Welttag des Buches zu erklären.

Natürlich zog Präsident Pujol während seiner nicht enden wollenden Amtszeit auch Spott auf sich, zumal er eine gewisse Neigung zum Bombastischen pflegte. Wie es Präsidenten gerne tun, setzte er sich Denkmäler in Gestalt von Prestigebauten wie etwa dem halb gläsernen, halb schwülstig-klassizistischen Teatre Nacional de Catalunya in Barcelona. Eine legendäre katalanische Theatergruppe, die dort vermutlich nie auftreten wird, Els Joglars, widmete dem Regierungschef und seiner Politik des »Pujolisme« gleich zwei glänzende Bühnensatiren: *Operació Ubú* (1980) und *Ubú President* (1995). Beide Male hielt der machtgierige Dickwanst Ubu aus den Grotesk-Dramen von Alfred Jarry als Folie her, um Pathos und Selbstherrlichkeit des offiziellen Katalanismus dem Gelächter preiszugeben.

Daß weite Teile der katalanischen Bourgeoisie im Bürgerkrieg auf der Seite Francos standen, weil sie die Begehrlichkeiten von Kommunisten oder gar Anarchisten bedrohlicher fanden als die Aussicht auf den »Nationalkatholizismus«, wird selten erwähnt. Erst die Enttäuschung über die stramm antikatalanische Politik des Regimes trieb das Großbürgertum dazu, sich der Opposition anzuschließen. Doch so fragwürdig seine Rolle zu Beginn der Diktatur scheint, so entscheidenden Anteil hatte es daran, daß die katalanische Kultur die Zeit der Unterdrückung ohne großen Schwund überdauern konnte. In Bürgerhäusern wurde das anfängliche totale Sprachverbot durch private Theateraufführungen umgangen, reiche Unternehmer ermöglichten die Veröffentlichung katalanischsprachiger Bücher, und sendungsbewußte Bürgerkinder riskierten bei patriotischen Aktionen ihre Verhaftung. Auch Jordi

Pujol selbst kam für mehrere Jahre ins Gefängnis, als Rädelsführer einer Schar junger Katalanisten, die 1960 zum hundertsten Geburtstag des Dichters Joan Maragall (das war der mit der Ode, deren Schluß- und Schlüsselworte *Adéu, Espanya!* lauten) den ebenfalls von ihm verfaßten *Cant de la Senyera* sangen, einen musikalischen Treueschwur auf die Flagge mit den vier roten Streifen. Erinnerungen dieser Art sind es, die das heutige Selbstvertrauen des bürgerlichen Katalanismus begründen.

Mit den katalanischen Parlamentswahlen von 2003 ging die Ära Pujol zu Ende. CiU wurde zwar wie gewohnt stärkste Fraktion, brachte aber erstmals keine Regierungsmehrheit zustande. Statt dessen kam das sogenannte *Tripartit* ans Ruder, eine Dreierkoalition aus Sozialdemokraten, der linksnationalistischen ERC und den Grünen. Präsident wurde Pasqual Maragall (ein Enkel des Dichters), der sich schon als langjähriger Bürgermeister von Barcelona und Gastgeber der Olympischen Spiele beliebt gemacht hatte.

Daß Sozialdemokraten und Grüne sich auf ein Bündnis mit der ERC einließen, zeigt, wie sehr der Nationalismus heute in Katalonien Konsens ist. Der Koalitionsvertrag trug den Titel *Pakt für eine katalanistische und linke Regierung in der Generalitat de Catalunya.* Zwar amtierte das Tripartit nicht ohne Erschütterungen: Josep-Lluís Carod-Rovira von der ERC mußte schon nach zwei Monaten als stellvertretender Regierungschef zurücktreten, weil er sich heimlich mit ETA-Abgesandten getroffen hatte, und im Frühjahr 2006 brach die Koalition endgültig auseinander. Aber in der Zeit dazwischen nahm sie ein katalanistisches Lieblingsprojekt in Angriff, um das sich die Pujol-Regierung immer gedrückt hatte – ein neues Autonomiestatut für Katalonien. Das bisherige, 1979 in Kraft getreten, ging nicht weit genug, darin waren sich die Nationalisten aller Schattierungen seit jeher einig. Um es zu ersetzen, arbeitete das Tripartit einen ehrgeizigen Text aus, der die katalanische Eigenständigkeit in allen Bereichen stärken sollte, besonders bei der Verwendung von Steuergeldern, und auch endlich festschrieb, daß Katalonien eine Nation sei. Der Begriff, den Spanien bisher hatte durchgehen lassen, war *nacionalitat històrica*, historische Nationalität. Einen Exkurs zur Frage, was da die genauen Unterschiede sind, möchte ich Ihnen ersparen; jedenfalls nimmt man das Wort Nation in Spanien genauso wichtig wie in Katalonien und legt Wert darauf, daß es ausschließlich den spanischen Staat bezeichnen darf. Und so hatte der Entwurf zum neuen *Estatut d'Autonomia de Catalunya* vor dem Parlament in Madrid keinen leichten Stand. Gebilligt wurde letztlich eine Fassung, in der rund die Hälfte aller Artikel geändert, sprich abgeschwächt waren. Das Wort Nation mußte wieder aus dem Text verschwinden, nur in der Präambel blieb es stehen, und zwar in der wasserdichten Formulierung, das Parlament Kataloniens habe, dem Willen der katalanischen Bevölkerung gemäß, Katalonien als Nation definiert, während die spanische Verfassung es als Nationalität ansehe. Als die ERC sich weigerte, der entschärften Version des Statuts zuzustimmen, warf Präsident Maragall sie kurzerhand aus der Regierung. Er verfügte nun zwar nicht mehr über eine Mehrheit im katalanischen Parlament, konnte sich aber, um das Statut zu beschließen, auf die Stimmen der CiU-Abgeordneten verlassen.

Im Juni 2006 wurde der abgesegnete Text den Bürgerinnen und Bürgern Kataloniens zur Volksabstimmung vorgelegt. Zwei der Parteien im katalanischen Parlament riefen zum Nein auf, von völlig gegensätzlichen Positionen aus. Die eine war natürlich die ERC, mit der Begründung, das verwässerte neue *Estatut* sei noch schlechter als das alte und bedeute deshalb einen Verrat an der katalanistischen Sache. Dagegen hatte der hiesige Ableger des stockkonservativen *Partido Popular*, der Partei des ehemaligen spanischen Ministerpräsidenten José María Aznar, das Statut von Anfang an abgelehnt, denn der PP stellt sich aus Prinzip gegen jeden Versuch, die Madrider Zentralmacht zu schwächen. Die Neinsager konnten sich nicht durchsetzen, fast drei Viertel der Wählenden stimmten für das neue Statut. Allerdings lag die Beteiligung am Referendum bei nicht einmal 50 % – das Lieblingsthema ihrer Politiker schien der Bevölkerung ziemlich egal zu sein.

Wenn man sich heute in Katalonien umhört, hat man oft den Eindruck, daß die Leute die nationalistische Dauerbeschallung nervtötend finden. Was bis weit in die neunziger Jahre hier für viele ein wichtiges Anliegen war, gilt zunehmend als Spleen von Bürokraten oder als Spielfeld für politische Profilierungssucht und jugendlichen Aktionsdrang. Gewiß, noch immer nehmen regelmäßig Hunderttausende an den Senyera-schwenk-Veranstaltungen teil, und noch immer schießen neue Initiativen aus dem Boden. Eine davon, mit dem eingängigen Namen *Free Catalonia*, druckte zum Beispiel kurz nach der Volksabstimmung über das Autonomiestatut 50 000 Broschüren in verschiedenen Sprachen, die für einen neuen Staat in den Grenzen der Països Catalans warben. Die Idee dahinter: Katalanen, die ihren Sommerurlaub im Ausland verbrachten, sollten die Heftchen dort verteilen, um ein Bewußtsein für den katalanischen Freiheitskampf zu schaffen. Der Student aus dem Sprachkurs in Berlin hätte sich über so eine Argumentationshilfe sicher gefreut.

Aber zunehmend haftet dem nationalistischen Eifer auch im eigenen Land ein Image der Aufdringlichkeit an. Es hat sich sogar eine neue politische Partei formiert (und gleich im ersten Anlauf den Einzug ins Parlament geschafft), deren einziges Ziel der Abschied vom Nationalismus ist. Ihr prominentestes Mitglied: Albert Boadella, Kopf der Theatergruppe Els Joglars, Autor und Regisseur von *Operació Ubú* und *Ubú President*.

Einige Teile der Països Catalans reagieren auf den Katalanismus schon lange gereizt. Man fühlt sich von der Unabhängigkeitsbewegung im Principat bevormundet und fürchtet ums eigene Profil. In Valencia schlägt die Abwehrhaltung mitunter in Paranoia um – dort stellen rechtsgerichtete Politiker

Katalonien seit den ersten Aufrufen zur Einigkeit der katalanischen Länder nach dem Ende der Diktatur als gefräßiges Monster dar, das danach trachtet, sich Valencia einzuverleiben; und um möglichst großen Abstand zu gewinnen, bestehen sie darauf, daß Valencianisch und Katalanisch zwei verschiedene Sprachen seien. Das ergibt etwa soviel Sinn, als wollte man Deutsch und Österreichisch zu verschiedenen Sprachen erklären. Ein Running Gag waren über Jahre die Versuche, die valencianischen Universitäten auf diese Ideologie einzuschwören. Ein ums andere Mal weigerten sich die Gelehrten, denn sie hatten keine Lust, sich in der wissenschaftlichen Welt zum Gespött zu machen. Schließlich rief die Generalitat de València eine Akademie ins Leben, welche die Frage endgültig beantworten sollte. Und im Frühjahr 2005 stellte die *Acadèmia Valenciana de la Llengua* klar, was eigentlich alle wußten: *valencià* und *català* sind, trotz ein paar unterschiedlicher Rechtschreibregeln, zwei Bezeichnungen für dieselbe Sprache.

Mancher Katalanist wird zum Hobbypsychologen, wenn er die antikatalanischen Tendenzen in Valencia erklären will. Weil die böse Stiefmutter Spanien zu mächtig scheine, um sich gegen sie zu erheben, übertrage man die Abneigung auf die tapfere große Schwester im Norden. Aber von solch gönnerhafter Logik wird sich kaum ein aufgebrachter Valencianer besänftigen lassen.

Und die Vorbehalte, die die Katalanisten selbst gegen die böse Stiefmutter hegen? Ist Spanien nicht in Wirklichkeit ein wunderschönes Land und längst eine stabile Demokratie, in der sich, Nation und Staat hin oder her, kein Katalane mehr diskriminiert fühlen muß?

Eigentlich ja. Wären da nicht die Altlasten. Ein Beispiel.

Manuel Fraga, der als Minister für »Information und Tourismus« (also für Fremdenverkehr und Zensur) unter Franco den Slogan »Spain is different« erfinden ließ, erklärte im Jahr

1968: »Katalonien wurde von Philipp V. besiegt und besetzt [...], und 1939 besetzten wir es, und wir sind bereit, es so oft wie nötig von neuem zu besetzen, und dafür würde ich auch jederzeit selbst wieder zum Gewehr greifen.« Daß die Kader des Regimes solche Sprüche klopften, war nicht ungewöhnlich. Allerdings endete die politische Karriere Manuel Fragas nicht mit Francos Tod. Er ist Gründer der heutigen konservativen Partei PP, war jahrelang Oppositionsführer in Madrid und von 1989 bis 2005 Regierungschef in Galicien. Vom Franco-Staat und seiner eigenen Rolle darin hat sich Fraga nie distanziert.

Das ist das Hauptproblem, das viele Katalanen mit Spanien haben: daß es keinen echten Bruch mit der Diktatur gab. Beim behutsamen Systemwechsel durften die meisten alten Funktionäre im Amt bleiben, selbst die Folterer bei der Polizei. Die letzten Münzen mit dem Porträt des »Caudillo« verschwanden erst wenige Jahre vor der Euro-Einführung aus dem normalen Umlauf, und in vielen spanischen Orten gibt es bis heute Straßen und Plätze, die nach Franco oder seinen Generälen heißen. Standen sich im Bürgerkrieg zwei Spanien gegenüber, auf der einen Seite ein republikanisches, fortschrittliches oder auch revolutionäres und auf der anderen ein autokratisches und erzreaktionäres, das mit Francos Sieg dann vier Jahrzehnte lang den Ton angab, so ist der Graben zwischen beiden Spanien in der Zeit danach zwar systematisch zugedeckt, aber keineswegs geschlossen worden. Die Aufarbeitung der Diktatur bleibt zögerlich, eine eindeutige offizielle Verurteilung des Regimes hat der PP bisher zu verhindern gewußt. Selbst die reformfreudige sozialdemokratische Regierung von José Luis Rodríguez Zapatero kam gegen diese Blockade nicht an. Solange aber in Madrid eine Kontinuität zu Franco besteht, läßt sich in Katalonien das Mißtrauen gegen den spanischen Staat bestens kultivieren – und als Rechtfertigung für den Wunsch nach einem eigenen Staat nutzen.

Und während die katalanischen Separatisten uneins bleiben, ob das neue Autonomiestatut sie ihrem Ziel näher bringt oder nicht, können sie sich gemeinsam darüber freuen, daß Katalonien seine Unabhängigkeit wenigstens im Internet schon erreicht hat: seit Herbst 2005 steht exklusiv für katalanische Websites die Endung .cat zur Verfügung. Die Zeit, in der Katalanisten für ihre Netzauftritte bevorzugt auf die allgemein zugängliche Domain .tk der südpazifischen Tokelau-Inseln zurückgriffen, ist damit vorbei.

Und apropos vorbei. Weil die Regierung des Tripartit in Katalonien ja am Streit übers Statut zerbrach, gab es im November 2006 vorgezogene Neuwahlen. Das Ergebnis war ähnlich wie beim letzten Mal, und so leimte man die zerbrochene Linkskoalition geschwind wieder zusammen, nannte sie aber nicht mehr Tripartit, sondern *Entesa Nacional pel Progrés, Nationales Bündnis für den Fortschritt.* Bedeutsamer als der Namenswechsel ist die Besetzung der Spitze: der neue katalanische Präsident stammt, wie schon erwähnt, aus Andalusien. Ob sich damit der offizielle Nationalismus im Vergleich zur vorigen Legislaturperiode nun mildert oder nicht – man kann in der Personalie José Montilla zumindest einen Beleg dafür sehen, daß der Katalanismus wirklich eine offene Haltung ist. Daß es, anders als bei den zwei Spanien, keinen unüberbrückbaren Graben zwischen zwei Katalonien gibt, einem der Alteingesessenen und einem der Zugezogenen.

Albert

Albert Coma Bau stammt aus Vic, Hauptstadt der Comarca Osona, einer Hochebene auf halbem Weg zwischen Barcelona und den Pyrenäen, berühmt für ihre Wälder und Würste, für römische Ruinen und neblige Wintertage. Albert ist Maler und Videokünstler und zählt zu einer Reihe von Freunden, Freundinnen und Bekannten, die ich gebeten habe, mir etwas über ihr eigenes Bild von Katalonien zu sagen, um dieses Buch um ein paar ›innere Stimmen‹ zu bereichern.

»Ich mag an den Katalanen, daß sie ihr Wort halten, daß du dich auf sie verlassen kannst. Aber auch, daß es für sie kein Widerspruch ist, ihre Heimat zu lieben und dabei großes Interesse an der Welt ringsum zu haben, an anderen Ländern, anderen Kulturen. Außerdem sind sie sehr stur. Wenn sie sich etwas in den Kopf setzen, dann geben sie keine Ruhe, bis sie haben, was sie wollen.

Es gibt viele Gegenden Kataloniens, die mich faszinieren, zum Beispiel Osona wegen seiner privilegierten Lage, nah an den Bergen und doch nicht weit von der Costa Brava. Dann die Vulkane von la Garrotxa mit ihrer kaum angetasteten Landschaft und ihrem ganz speziellen Licht. Das Ebrodelta, der Montserrat ... Katalonien bietet so viel Unterschiedliches auf kleinem Raum.

Was mich stört, ist die Rivalität, die auf politischer Ebene zwischen dem sogenannten Spanien und Katalonien erzeugt wird und die Leute daran hindert, sich entspannt auszutauschen. Es geht mir auf die Nerven, daß wir mit der katalanischen Sprache und mit unserer Kultur immer in eine Verteidigungshaltung gedrängt werden. Ich glaube, diese Sprache wäre inzwischen vital genug, um für sich allein zu bestehen, man müßte bloß die unklare Situation überwinden, in der sie sich befindet. Daß die Katalanen zu einer solchen Klärung bisher nicht den Mut aufgebracht haben, enttäuscht mich.

Ich finde, Katalonien sollte ein eigener Staat sein, das wäre die Lösung für viele Probleme, die wir seit der Franco-Zeit mit uns herumschleppen. Ich glaube, der spanische Staat und die katalanischen Länder könnten bestens miteinander auskommen, wenn Katalonien aufhören würde, sich unterzuordnen. Dann bräuchten wir auch endlich nicht mehr dauernd unsere Rechte einzuklagen. Allerdings sollte die Unabhängigkeit aus historischen Gründen die gesamten katalanischen Länder umfassen, also Katalonien, Valencia und die Balearen, sonst hätte sie keinen Sinn.

Ich betrachte mich als zweisprachig, aber Katalanisch ist meine Muttersprache: in ihr bin ich heimisch und habe den Eindruck, ich beherrsche sie besser als Kastilisch. Als Spanier sehe ich mich nicht, auch wenn ich weiß, daß manches dafür spricht. Ich bin es leid, daß ich ständig meine Identität erklären soll, das ist eine unnötige Energieverschwendung. Ich fühle mich als Katalane und setze mich für ein freies Katalonien ein, weil ich glaube, so wäre es gesünder für dieses Land. Zurzeit leben wir in einer krankhaften Situation, in einer Verwirrung, die gleichermaßen von innen wie von außen kommt.«

Zusammenhalt

Die Leute stehen im Kreis und halten sich bei den Händen. Das kleine Orchester auf dem Podest hinter ihnen läßt seine Instrumente noch ruhen. Nur einer der Musiker – er wirkt wie ein Spielmann auf einem Mittelaltermarkt, der statt Lederwams und Schnabelschuhe aus Versehen seine Bürokleidung angezogen hat – bläst in eine winzige, einhändig gespielte Flöte. Mit der anderen Hand schlägt er den Rhythmus auf eine ebenfalls winzige Trommel, die er sich um den linken Ellenbogen geschnallt hat. Die Leute im Kreis machen konzentrierte Gesichter, einige wippen ganz leicht mit dem Kopf im Takt. Dann ist das Vorspiel zu Ende. Die *Cobla*, so heißt das Orchester, schmettert los. Es besteht aus lauter Blasinstrumenten und einem Kontrabaß, elf Musiker sind es insgesamt. In den Kreis kommt Bewegung, in kleinen Schritten. Linken Fuß vor, mit den Zehen auf den Boden tippen, wieder zurück, rechten Fuß einen Schritt nach hinten, mit dem linken kreuzen, den rechten nachziehen und vorstrecken, mit den Zehen auf den Boden tippen, Füße wieder zusammen, dann das gleiche rückwärts, also linken

Fuß nach hinten, mit dem rechten kreuzen – und so weiter im Rundtanz.

Die Musik ist eher bedächtig als schwungvoll, und vielleicht erscheint sie Ihnen gewöhnungsbedürftig. Denn auch über den Mann mit Einhandflöte und Armtrommel hinaus tritt die Cobla als Mischung aus Mittelalter und Neuzeit auf, schalmeienartige Holzblasinstrumente ertönen neben Trompeten, Flügelhörnern und Posaune. Was dabei herauskommt, kann man würdevoll oder herzerfrischend finden, aber wenn Sie sagen, es hört sich leierig an, kann ich Sie auch nicht widerlegen. Doch Sie sollten versuchen, dieser Musik und vor allem dem Tanz mit Respekt zu begegnen, denn es handelt sich um heiliges katalanisches Kulturgut: die Sardana.

Der Kreis hat sich vergrößert. Mehrere ältere Paare haben in einer der Bars am Platz noch in Ruhe ihren Kaffee ausgetrunken und sich dann eingeklinkt. Sofern es von der Geschlechterverteilung her hinkommt, steht immer Frau neben Mann, allerdings sind auch in Katalonien die Tanzmuffel seltener weiblich. Der Reigen geht weiter, nun mit den Händen in Kopfhöhe. Wenn man genau hinsieht, erkennt man, daß einer in der Runde leise den Takt vorgibt, für die Unerfahreneren.

Schwierig sind an der Sardana nicht die Schrittfolgen selbst – da muß man sich eigentlich nur zwei Muster einprägen, die »Kurzen« *(curts)* und die »Langen« *(llargs)*. Die Herausforderung liegt darin, aus diesen Mustern jeweils eine Abfolge zu bilden, die exakt auf die Länge des Musikstücks paßt. Bei geübten Tanzgruppen klappt das natürlich traumwandlerisch, und wenn man länger zuschaut, kann die Sardana wie eine Meditationstechnik wirken. Eine sehr gesellige allerdings, denn die Leute im Kreis versenken sich nicht in sich selbst, sondern in ihre Gemeinschaft. Es kommt bei diesem Tanz auch weniger darauf an, ob er gut aussieht, als darauf, daß er sich für die Tanzenden gut anfühlt. Die Sardana ist, um noch einmal in die Kiste mit den Spanienklischees zu greifen, das Gegenteil von Flamenco. Im Flamenco bedeutet der Tanz das große Solo, er läßt die einzelne Person hervortreten und ihre Gefühle und Erfahrungen ausdrücken. In der Sardana feiert eine Gruppe ihren Zusammenhalt.

Inzwischen haben sich neben dem großen Kreis noch mehrere kleinere gebildet, der ganze Platz füllt sich mit Tanzenden. Die Generation Fünfzig plus ist deutlich in der Überzahl, aber auch ein paar ganz Junge machen mit. In den Bars ist man vom Kaffee zum Aperitif übergegangen, und am Ende jedes Musikstücks erheben sich wieder komplette Tischgesellschaften, um bei der nächsten Sardana einzusteigen. Allmählich dunkelt es, doch im Wechsel von Tanz, Gespräch und Getränken werden die meisten noch bis tief in die Nacht auf dem Platz bleiben; zumindest solange die Kräfte der Musiker reichen.

Woher die Sardana kommt, ist unklar. Manche Forscher glauben an eine Verwandtschaft mit den berühmten griechischen Rundtänzen, die bis in die Antike zurückreichen könnte. Das Wort selbst ist seit dem 16. Jahrhundert überliefert, als zum Beispiel in Girona verboten wurde, die Sardana in der Kirche zu tanzen. Zeitweise geriet der katalanische Reigen dann etwas in Vergessenheit, doch ein gewaltiges Revival brachte, dreimal dürfen Sie raten, die Renaixença im 19. Jahrhundert. Die neue Tanzwut regte sich zunächst im Empordà, im anmutigen Hinterland der Costa Brava, und griff rasch um sich. Auch die Theoretiker meldeten sich bald zu Wort und stellten eine besondere Verbindung zwischen Sardana und katalanischer Identität fest. »Die Sardana hat den Rhythmus Kataloniens, das Herz tanzt, der Kopf rechnet«, so ein Bonmot des modernistischen Malers und Schriftstellers Santiago Rusiñol. Feierlicher äußerte sich Cello-Legende Pau Casals:

> Die Sardana, die sich vom Empordà aus in ganz Katalonien verbreitet hat, ist mehr als nur ein Teil unserer Folklore. Sie wurde zum Nationaltanz, zu einem

> Grundbaustein für das Leben unseres Volkes. Die Demokratie ihrer Regeln: daß jeder sich ihr anschließen kann, in jedem Augenblick. Ihre Feinfühligkeit: daß man immer links des Mannes in den Kreis eintritt, damit er nicht von der Partnerin zu seiner Rechten getrennt wird. Ihre Symbolkraft: daß alle sich die Hände geben, als Zeichen von Harmonie und Gleichberechtigung. In diesen Eigenschaften drücken sich die tiefsten Grundlagen unseres Charakters aus, denen wir immer treu bleiben sollten.

Treu geblieben ist man jedenfalls der Sardana. Sie fehlt bei keinem katalanischen Volksfest als Programmpunkt, oft ist sie auch selbst Grund genug zum Feiern. Bei den *Aplecs*, die mehrere Tage dauern können, treten etliche Kapellen nacheinander auf, es wird von früh bis spät Sardana getanzt und in den Pausen sehr viel gegessen. Wem das zu beschaulich ist, der kann sich jedes Wochenende bei Meisterschaftswettkämpfen überzeugen, wie elegant der Rundtanz wirkt, wenn ihn professionelle Gruppen darbieten. Und apropos Wochenende: bekanntester Sardana-Treff im ganzen Land ist immer sonntags um zwölf Uhr der Vorplatz der Kathedrale von Barcelona. Dort trauen sich auch viele Touristen mit in den Kreis.

Die *Colles sardanistes* (Sardana-Vereine) und die *Esbarts dansaires* (Tanzschulen, in denen man nicht nur Sardana, sondern ein ganzes Repertoire von Traditionstänzen lernt) behaupten sich bei katalanischen Kindern und Jugendlichen bisher ganz gut gegen die Konkurrenz der Playstation. Meine Freundin Carola aus Badalona, die mit neun Jahren in einen solchen *Esbart* eintrat und zehn Jahre lang dabeiblieb, bekommt noch heute leuchtende Augen, wenn sie davon erzählt. Zweck der Kurse, sagt sie, war eigentlich, daß die Eltern ihre Kinder am Samstagnachmittag »parken« konnten. Sie aber habe sich überhaupt nicht geparkt gefühlt, sondern bald jede freie Stunde im Verein verbracht, ihre erste Liebe und ihre besten

Freundinnen dort kennengelernt. Mit den Leuten aus dem Esbart machte sie die ersten Ausflüge ohne Eltern und erlebte ihre ersten Diskonächte. Ein Höhepunkt war jedes Jahr die Reise zum Montserrat, wo sich Hunderte junger Tänzerinnen und Tänzer aus allen Teilen Kataloniens versammelten, um am Fuß des Nationalheiligtums gemeinsam aufzutreten.

Ähnlich tief verwurzelt wie die Sardana, aber viel spektakulärer anzuschauen ist eine zweite Art, das katalanische Grundthema Zusammenhalt in Szene zu setzen. In diesem Fall tanzt man nicht, sondern man türmt sich. Beziehungsweise man baut Burgen, so heißt es auf katalanisch: *fer castells*. Falls Sie das noch nicht erlebt haben, kann ich nur empfehlen es nachzuholen, wenn Sie das nächste Mal hier sind. Die Castells zählen zu den beeindruckendsten Erfahrungen eines Katalonienbesuchs. Es geht darum, möglichst hohe und möglichst kunstvolle Gebilde zu errichten, indem sich Menschen auf die Schultern anderer Menschen stellen. Aus dem Brauch hat sich eine eigene Sportart entwickelt, mit Fachsprache, Kleiderordnung und verschworenen Mannschaften. An die sechzig Teams von *Castellers* gibt es heute in Katalonien. Sie messen sich im Bau festgelegter Figuren oder versuchen sie zu neuen, noch schwierigeren Varianten weiterzuentwickeln. Die Zeit der wichtigsten Wettkämpfe reicht von Juni bis November.

Ich sah meine ersten Castells zufällig gleich an meinem ersten Tag in Katalonien. Morgens war ich mit dem Nachtzug aus Straßburg in Barcelona angekommen, und übermüdet begleitete ich meine neuen Mitbewohner in die Altstadt. Auf der Plaça Sant Jaume, dem Platz, an dem sich das Rathaus und der Palast der Generalitat gegenüberstehen, hatte sich eine Menschenmasse wie bei einem Popfestival versammelt. Trotz des Andrangs herrschte gebannte Stille, nur ein dünner, aber gellender Fanfarenklang lag in der Luft. Und plötzlich begann einer dieser riesigen lebenden Türme aus der Menge zu wachsen. Ich war so hingerissen, daß ich Durst und Schläfrigkeit vergaß und mich stundenlang, bis alle Castells des Tages errichtet worden waren, nicht vom Fleck rührte. Seitdem gehe ich so oft wie möglich zu den Vorführungen, nehme aber immer eine Flasche Wasser mit.

Auch wenn Sie zum erstenmal zuschauen, werden Sie in den verschiedenen Typen von Castells ein paar gemeinsame Bestandteile erkennen. Jede »Burg« besteht aus drei Grundelementen, der *pinya*, dem *tronc* und dem *pom de dalt*. Die *pinya*, was eigentlich Pinienzapfen bedeutet, ist das Fundament: ein Ring aus mehreren Reihen besonders stämmiger Castellers, der das ganze Gewicht des Baus halten muß, aber auch als Polster wirken soll, falls die oberen Stockwerke einstürzen. Den *tronc*, Stamm, bilden die Etagen, die sich über der *pinya* erheben und von denen jede gleich aussieht. Der *pom de dalt*, wörtlich »oberer Knauf«, ist die Spitze des Turms. Er besteht aus den Leichtesten in der Gruppe, den Kindern; für die höchsten Aufgaben werden schwindelfreie Mädchen und Jungen im Grundschulalter eingesetzt. Oft klettern sie auch an ihren Eltern und Geschwistern hoch, denn die Leidenschaft, Castells zu errichten, pflegt ganze Familien zu pakken. Bei den meisten Turmsorten formen vier Kinder die Spitze: zuerst die beiden *dosos*, die an gegenüberliegenden Seiten aufsteigen und einander dann an den Schultern fassen, um den Bau zu »schließen«. Über sie kauert sich der *aixecador*, der kleinste von allen. Auf dessen Rücken gestützt hebt zum Abschluß noch das vierte Kind, *enxaneta* genannt, ganz kurz eine Hand über den Kopf und winkt dem Publikum zu. Mit dieser Geste gilt das Castell als »gekrönt«. Volle Punktzahl bringt es aber erst, wenn nach dem Aufbau auch der Abbau ohne Stürze und in der vorgesehenen Reihenfolge gelingt.

Die verschiedenen Typen von Castells tragen Namen wie *quatre de vuit (vier auf acht)* oder *tres de nou amb folre (drei auf neun mit Futter)*. Die erste Zahl ist die der Personen pro Etage im »Stamm«, die zweite steht für die Gesamtzahl der Stockwerke. In einem *quatre de vuit* bilden also je vier Leute eine

Etage des *tronc*, und das Castell als Ganzes hat acht Etagen, Erdgeschoß und dreistöckige Spitze mitgerechnet. Namensergänzungen wie *amb folre* bedeuten, daß den Grundbestandteilen des Castells weitere hinzugefügt sind, der *folre* zum Beispiel ist ein zweiter Stützring, der auf den Schultern der *pinya* steht. Bauten mit nur einer Person pro Stamm-Etage nennt man *pilar*, Säule, und einige Turmvarianten werden nicht von unten nach oben errichtet, sondern indem ein Casteller nach dem anderen alle vorigen auf die Schultern nimmt.

So könnte es jetzt noch seitenlang weitergehen, aber nein, ich reiße mich zusammen. Wenn Sie Ihren Casteller-Wortschatz vertiefen wollen, bietet sich vor Ort und im Internet genug Gelegenheit. Mittlerweile haben ein paar Vereine ihr Infomaterial sogar ins Deutsche übersetzen lassen.

Die Tracht der Turmbauer ist luftig-mediterran: weiße Hose, Hemd in Vereinsfarbe und mit Vereinswappen, um die Hüften eine breite schwarze Schärpe. Hinzu kommt ein Tuch, bei dem nicht festgelegt ist, an welcher Stelle des Körpers man es anbringt. Manche binden es sich ums Handgelenk, manche um den Knöchel, manche um die Stirn. An den Füßen trägt man traditionell Espadrilles, aber auch leichte Turnschuhe sind erlaubt. Und die Kinder klettern meist barfuß.

Casteller zu sein berechtigt natürlich zu großem Stolz und zu einem schönen Motto. Es lautet *Força, Equilibri, Valor i Seny – Kraft, Gleichgewicht, Mut und Verstand*. Besonders gefeiert werden die Kleinen, die sich ganz nach oben trauen. Solch süßer Ruhm gleich am Anfang der Karriere trägt dazu bei, daß die meisten Castellers dem Sport ein Leben lang treu bleiben. Je älter man wird, in desto tiefere Etagen rutscht man beim Turmbau. Man beginnt als federleichter Kinderstar und wandelt sich zu einem tragenden Pfeiler der Gemeinschaft. Hübsches Lebensmodell, oder? Allerdings sind die Castells kein ungefährliches Hobby, auch wenn Verbandsfunktionäre immer wieder versichern, das Risiko sei »tragbar«. Die Kletterer beherrschen zwar ausgefeilte Techniken, um sich selbst und einander beim Zusammenbruch eines Turms abzufedern, dennoch kommt es manchmal zu schweren Verletzungen, vereinzelt sind auch schon Kinder zu Tode gestürzt. In den letzten Jahren hat man deshalb begonnen, mit Helmen für die Jüngsten zu experimentieren – die aber nicht zu hart sein dürfen, wegen der Gefahr, daß ein abgerutschter *aixecador* oder eine *enxaneta* beim Fallen andere Mitglieder der Gruppe erschlägt.

Ihren Ursprung haben die Castells in den *Balls de Valencians*, alten valencianischen Choreographien, bei denen sich zum Schlußbild einige Tänzer übereinander stellten. Von diesem Anblick aus der Nachbarschaft inspiriert, begann man im Südwesten Kataloniens Menschentürme ohne vorherigen Tanz zu bauen, und Mitte des 19. Jahrhunderts hatte sich bereits eine blühende Casteller-Szene entwickelt. Ihr Zentrum war die Stadt Valls in der Nähe von Tarragona, wo sich die erste feste Mannschaft gründete. Die *Xiquets de Valls, Burschen aus Valls*, wurden von Volksfest zu Volksfest herumgereicht und steckten weite Teile Kataloniens mit dem Fieber der Menschenpyramiden an. Als erste *Colla de Castellers* brachten sie neungeschossige Bauten zustande oder auch den *pilar de vuit*, die achtstöckige »Säule« mit nur einer Person pro Etage.

Ein mythisches Datum in den Casteller-Annalen ist das Fest der heiligen Thekla im September 1881 : an dem Tag glückten den Wettkämpfern in Tarragona so viele Castells der schwierigsten Kategorien, daß die Vorführung weit über hundert Jahre lang als beste aller Zeiten galt. Nach diesen Heldentaten ging es mit der Turmkunst bergab, vor allem aus wirtschaftlichen Gründen. Die ländlichen Comarques im Südwesten, aus denen die großen Mannschaften kamen, verarmten zusehends, in den Weinbergen des Penedès wütete die Reblaus, und die Not trieb die jungen Leute massenhaft in die Städte. So brachen den *Colles* die Mitglieder weg, zumal sie oft noch streng an Zünften oder Ständen ausgerichtet waren, etwa als Team der Bauern, der Fischer oder der Handwerker. Zwar hörte die Casteller-Aktivität in Katalonien nie ganz auf, das technische Niveau des späten 19. Jahrhunderts erreichte sie aber erst in der zweiten Hälfte des zwanzigsten wieder. Die Neuauflage der Sensation von 1881 – ein *quatre de nou net*, ein neunstöckiger Turm aus vier Personen pro Etage ohne zweiten Stützring – ließ sogar bis 1998 auf sich warten. Noch im selben Jahr gelang zum erstenmal in der Geschichte der Castells ein Turm mit zehn Stockwerken. Dazu bedarf es nicht nur erheblicher Kunstfertigkeit und Konzentration aller Beteiligten, sondern auch einer Riesenmannschaft: an einem einzigen *3 de 10 amb folre i manilles* sind 800 Castellers beteiligt. Die Begeisterung für den Sport ist heute in Katalonien so groß, daß eine ganze Reihe von Colles mühelos solche Mengen von Mitstreitern zusammenbekommt. Ihre Leistungen stehen ebenso selbstverständlich in den Zeitungen wie die Fußballergebnisse, wichtige Wettkämpfe überträgt das katalanische Fernsehen, und vor der Volksabstimmung über das neue Autonomiestatut im Juni 2006 wurde diskutiert, ob man Castellers, deren Vereine am Tag des Urnengangs einen Auftritt hatten, von der per Zufallsprinzip auferlegten Wahlhelferpflicht befreien könnte.

Was den Castells noch von ihren Ursprüngen im Tanz bleibt, ist die musikalische Begleitung. Für den charakteristischen Turmbau-Sound sorgen die *Gralles*, Schnabelflöten mit hellem, durchdringendem Klang, vermutlich arabischer Herkunft. Sie spielen bei den Vorführungen fast pausenlos, begleitet von einer Trommel. Zu jeder Phase des Spektakels gibt es eine eigene Melodie, etwa den *Toc d'entrada a la plaça* als Zeichen, daß es gleich losgeht, oder den *Toc de pilar al balcó*, wenn nach den eigentlichen Wettkämpfen noch eine »Säule« am Rathausbalkon emporwächst und das oberste Kind über die Brüstung zu den Würdenträgern klettern darf. Beim Auf- und Abbau der Castells selbst dient der Klang der Gralles zur Orientierung. Ihr Spiel ändert sich, je nachdem, welcher Teil des Turms gerade entsteht. So wissen auch die Pfeiler im Inneren jederzeit, was über ihnen geschieht.

Wenn die Darbietungen zu Ende sind, stimmen die Schnabelflöten den *Toc de vermut* an. *Vermut* ist das katalanische Wort für Aperitif. Klassischerweise treten die Castellers nämlich sonntagnachmittags auf, und auf die Demonstration, zu welchen Meisterleistungen der katalanische Zusammenhalt befähigt, folgt der alte Brauch des gemeinsamen Feierns.

Festa Major

Katalonien wird von Riesen, Zwergen und Dämonen bewohnt, von Drachen und anderen feuerspeienden Bestien. Meist leben sie im verborgenen, aber an bestimmten Tagen im Jahr kommen sie zum Vorschein und lassen es mächtig krachen. Dann fällt das ganze Dorf, die ganze Stadt in einen Rausch, der eine volle Woche dauern kann und den man *Festa Major* nennt, Größtes Fest.

Natürlich wird ein frommer Anlaß vorgeschoben. Aber das ist ja das Schöne an der katholischen Tradition: solange der Rahmen pro forma gewahrt bleibt, findet selbst sehr unchristliches Spektakel darin Platz. Da darf auf dem Festplatz auch mal das Tor zur Hölle aufgebaut und mit großem Zauber geöffnet werden und die wildesten Kreaturen der Unterwelt entfesseln. Und so ist die Festa Major zwar im Prinzip ein Patronatsfest, wie man es überall in der katholischen Welt begeht, eine Feier zu Ehren des örtlichen Schutzheiligen oder eines Marienbildes. Doch dieses Prinzip Patronatsfest füllt jeder katalanische Ort mit seiner ganz eigenen Mischung aus Gaudi, Groteske und Pyromanie an.

Die Riesen und Zwerge sind vergleichsweise harmlos. Sie werden schon bei Tageslicht aktiv und tanzen durch die Straßen. Wenn man sie dafür ausreichend bewundert und beklatscht, bleiben sie friedlich. Die Riesen, katalanisch *Gegants*, tragen ihren Namen zu Recht, sie sind doppelt bis dreimal so hoch wie ein Mensch. Auf die Zwerge paßt dagegen eher eine zweite Bezeichnung, unter der sie hier bekannt sind: *Capgrossos*, Dickköpfe. Denn schmächtig ist nur ihr Körper, ihr Schädel aber gleicht dem eines Riesen (ein paar Verwandte von ihnen haben als *Schwellköppe* einen festen Job beim Mainzer Karneval). Während die Gegants meist zu zweit und sehr würdevoll auftreten und oft die Züge von Königspaaren oder anderen großen Gestalten aus der katalanischen Geschichte tragen, erscheinen die Capgrossos am liebsten als bunte Gruppe von Spaßmachern und Nachäffern. Es gibt unter den Figuren Veteranen, die seit mehreren hundert Jahren im Einsatz sind, zum Entsetzen von Ethnologen und Kunstgeschichtlern. Denn es ist ihnen fremd, sich im Alter zu schonen, und unter ihrer Kleidung bestehen sie größtenteils aus Pappmaché. Um das wertvolle Kulturerbe zu bewahren, haben sich einige katalanische Gemeinden überreden lassen, ihre Festa-Major-Klassiker heute nur noch als Kopien ins Rennen zu schicken.

Fast aussichtslos sind solche musealen Ambitionen bei den Drachen und den anderen Ungeheuern, deren Beitrag zum Fest sich nicht auf Parade und Tanz beschränkt. Sie müssen, selbst wenn kundige Restaurateure sie pflegen, in der Regel alle paar Jahrzehnte ersetzt werden, denn sie speien Feuer, und wenn ihnen danach ist, machen sie Jagd auf Schaulustige. Vor diesen Bestien sollten Sie also auf der Hut sein. Da sie aber erst bei Dunkelheit richtig loslegen und sich zwar im Drang, Schrecken zu verbreiten, nicht aber im Ausmaß ihrer Eitelkeit von den Riesen unterscheiden, lassen sie sich tagsüber in Ruhe bestaunen; manchmal schlafen sie sogar im Rathausfoyer. Dort können Sie sich ihnen bedenkenlos nähern, auch wenn Sie nicht bereit sind, Ihre übliche Achtsamkeit für die Dauer eines Volksfestes zu vergessen. Sie werden verschiedene Arten von Monstern kennenlernen. Zum Beispiel gibt es neben dem echsenhaften Drachen die *Víbria*, die eher an eine Schlange erinnert, stets weiblich, mit imposanten Brüsten. Eine weitere feste Größe ist die *Mulassa*, ein zum Ungetüm geschwollenes Maultier, das hier schon den Fronleichnamsprozessionen im Mittelalter voranstampfte. Und wenn Sie das Bestiarium im Ruhezustand antreffen, können Sie sehen, daß die meisten Riesen, Zwerge und Fabelwesen ein ähnliches Innenleben haben: ein Drahtgestell, das auf die Schultern einer, im Fall der Feuerbestien auch zweier oder mehrerer kräftiger Personen paßt, und einen Sehschlitz, wie ein Imkerhelm mit dünnem schwarzem Gitter ausgekleidet. Bei den Riesen befindet er sich in Knie- bis Bauch-, bei den Fabeltieren oft in Brusthöhe, und bei den Capgrossos ist es der Mund. Als Baumaterialien verwendet man heute anstatt der bewährten Kombination aus Holz und Pappmaché zunehmend Glas- und Kohlefasern und andere Kunststoffe. Dennoch wiegen manche der Monster so viel, daß man sie nicht tragen kann, und bewegen sich deshalb auf Rädern fort.

Viele von ihnen sind weit über ihr Dorf oder Stadtviertel hinaus berühmt und treten überall in Katalonien auf. Auch Engagements im Ausland häufen sich. Im Sommer 2006 etwa reiste ein komplettes Festa-Major-Inventar in die polnische Stadt Poznań, um dort katalanische Bräuche zu zeigen. Schon Jahre vorher erlebte ich einmal eine Art Gegenbesuch mit: fasziniert von den katalanischen Ungeheuern hatten junge Leute aus Manchester ihren eigenen Drachen gebaut und waren damit bejubelte Ehrengäste bei der Mercè, dem Stadtfest von Barcelona. Die Festa Major wirkt aber nicht nur über Ländergrenzen, sondern auch über ideologische Gräben hinweg. Ich weiß nicht mehr, ob es dieselbe Mercè war oder ein Jahr früher, da führte eine Gruppe von Hausbesetzern ihren eigenen Gegant spazieren, einen riesigen Punk.

Doch genug der Beschaulichkeit. Es ist Nacht geworden, und die *Bèsties de Foc* haben sich wieder dort versammelt, wo sie herkommen, nämlich im Höllenschlund. Nun verbünden sie sich mit den *Diables*, den Dämonen, die von allen Geschöpfen der Festa Major die aggressivsten sind. Auch dieser Schulterschluß wird gefeiert, ein Komplize der dunklen Mächte stellt dem Publikum jede *Colla de Diables* mitsamt ihrem Maskottchen begeistert über Lautsprecher vor, Dutzende Trommler begrüßen die Gestalten der Finsternis mit grollendem Wirbel. Und es geht los. Die Flammen sprühen aus den Mäulern und von den Flanken der Bestien und aus den Forken, mit denen die Dämonen fuchteln, und der ganze infernalische Zug rast, immer von den Trommlern begleitet, auf die versammelte Menge ein. Fauchend brennen die Ungeheuer ihre Schneisen durch die Zuschauerreihen und beginnen, in bengalische Lichtgewitter gehüllt, um die eigene Achse zu wirbeln, und für die Dämonen ist alles, was ihnen zu nahe kommt, Freiwild.

Dieses Spiel heißt *Correfoc*, Feuerlauf. Vor allem wenn Sie zum erstenmal dabei sind, halten Sie sich bitte in sicherem Abstand. Die meisten Einheimischen machen es ebenso. Aber manche (und das ist eigentlich auch der Sinn der Übung) nehmen den Correfoc als Mutprobe und rennen mit im Funkenregen. Allerdings niemals im T-Shirt, trotz der Hitze. Langärmlige, möglichst brandfeste Kleidung und Kopfbedeckung sind unverzichtbar, am besten eine verschnürbare Kapuze und eine schützende Brille.

Die Festa Major gehört in den Sommer, in die Zeit der langen Tage und schwülen Nächte, in der die Hemmungen besonders leicht über Bord gehen. Der Sommer dauert in Katalonien zum Glück ziemlich lange. Wo es sich dennoch nicht anders einrichten läßt, als daß die oder der örtliche Schutzheilige im Winter zu feiern ist, wird das Fest gedoppelt: dann gibt es am Gedenktag selbst eine schlichtere Version mit viel wärmendem Backwerk und den großen Rausch ein halbes Jahr danach, zu Fronleichnam, zur Johannisnacht, zu Mariä Geburt oder als Erntefest.

Feuerbestien und Märchengestalten sind bei weitem nicht die einzige Attraktion der Festa Major, und auch nicht die einzige, die Krach macht. Oft schon am frühen Morgen ballern die *trabucaires* um sich, Männer in Kniebundhosen mit Barretina auf dem Kopf und kurzläufigen Vorderladern in der Hand. Sie gehen nicht auf mittelalterliche Prozessionen oder Teufelstänze zurück, sondern auf katalanische Räuberbanden, die im 17. Jahrhundert dem Adel das Leben erschwerten und deren Anführer zu Volkshelden wurden. Wegen ihrer Neigung, nach langen Nächten als ungebetener Weckdienst aufzutreten, sind die Trabucaires nicht bei allen Feiernden beliebt. Achtet man auf den Altersdurchschnitt der lustigen Musketiere, könnte man meinen, daß es sich um Fälle von seniler Bettflucht handelt.

Selbstverständlich werden zur Festa Major auch Castells gebaut und jede Menge Sardanes getanzt, hinzu kommen Konzerte, Ausstellungen, Straßentheater, Bankette unter freiem Himmel – das Fest bringt alle Gruppen und Vereine und fast alle Traditionen eines Ortes zusammen. Und weil die Brauchtumspflege ein ganz wichtiges Anliegen der katalanischen Kulturpolitik ist und außerdem eine lohnende Investition sein kann, fehlt es weder an Fördermitteln noch an institutioneller Unterstützung. Damit neugierige Gäste sich besser zurechtfinden, steht das Programm für die Festtage in allen Einzelheiten in der Zeitung, es liegt in Broschüren aus oder wird als Faltblatt im Tourismusbüro verteilt.

Bei den Abendveranstaltungen sollten Sie allerdings die Zeitangaben nicht zu ernst nehmen. Womöglich sitzen Sie Stunden an einem Dorfplatz, ohne daß sich etwas Eindeutiges tut, Sie nehmen um sich her nur eine unbestimmte Geschäftigkeit wahr. Die Tische vor den Bars sind wieder einmal voll besetzt, doch die Leute scheinen auf nichts zu warten, sie unterhalten sich, winken Bekannten zu oder stehen auf, um noch ein paar Erledigungen zu machen. War da ein Druckfehler im Programmheft, haben Sie den falschen Tag erwischt, ist alles schon in der halben Stunde passiert, die Sie zu spät gekommen sind? Bitte haben Sie Geduld. Versuchen Sie auch Ihre Müdigkeit zu überwinden, selbst wenn die Kellnerin, bei der Sie einen Kaffee oder ein Bier und ein paar Tapas bestellen wollen, sich drei Tische von Ihnen entfernt für den Rest der Nacht festgequatscht zu haben scheint. Eine Festa Major ist keine Messepräsentation, sie folgt ihrem eigenen Rhythmus. Das, wofür Sie hier sind, wird auf jeden Fall noch kommen. Halten Sie durch, sonst entgeht Ihnen ein unvergeßliches Schauspiel. Und die Leute ringsum werden Ihnen gerne bestätigen, daß Sie sich nicht im Tag geirrt haben.

Je nach Größe des Ortes variiert die Anzahl der Darbietungen, was nicht heißt, daß die kleineren Feste die weniger spektakulären sind. Wenn Sie möglichst viele seltsame Bräuche auf einmal erleben wollen, gehen Sie zur Mercè nach Barcelona. Sie ist die Festa Major der Superlative, immer um den 24. September herum. Jeder Bezirk der Metropole steuert seine eigenen Bestien, Riesen und Tänze bei, und da kommt bei drei Millionen Einwohnern im Großraum einiges zusammen (ganz abgesehen vom bombastischen Rahmenprogramm, das alljährlich in einem pompös-kitschigen Pyro-Musical am Himmel über den knallbunt erleuchteten Fontänen des »Zauberbrunnens« von Montjuïc kulminiert).

Das berühmteste Fest dieser Art spielt sich jedoch in einer Kleinstadt namens Berga in den Vorpyrenäen ab: die *Patum*. Keine Festa Major im strengen Sinn, denn Berga ist so ein Fall, in dem die Feier der Ortsheiligen in der Adventszeit ansteht und man darum einen anderen Anlaß für die Sommersause braucht. Oder auch nicht; man beließ es einfach beim uralten. Als einziger Ort in Katalonien feiert Berga mit seiner Patum noch Fronleichnam nach Art des Mittelalters, das Fest, bei dem all die Ungeheuer und Riesen zuerst auftauchten. Der Name, auf dem u betont, ist lautmalerisch –

während dieser Feierlichkeiten wird so laut und so lange getrommelt wie nirgends sonst im Land. Die Patum gilt als das ausschweifendste aller katalanischen Feste, vor allem wegen zweier Rituale, dem *tirabol* und den *plens*. Beim Tirabol versammeln sich abends nach den Umzügen das Bestiarium und sein Publikum zum gemeinsamen Tanz auf Sant Pere und Sant Joan, den heillos überfüllten Hauptplätzen des Städtchens. Sobald die Trommler und anderen Musiker nur einen Moment aufhören zu spielen, brüllt die Menge *Volem Patum, volem Patum!, Wir wollen Patum!*, und es muß weitergehen bis zur völligen Erschöpfung.

Die Plens setzen noch eins drauf. Alle Lichter verlöschen, stockfinster ist die Frühsommernacht. Aber nur ein paar Atemzüge lang. Dann donnern wieder die Trommeln, und der ganze Platz geht in Flammen auf. Das Feuer schießt nicht nur aus den Händen und lärmenden Höllengeräten der Dämonen empor, sondern überall, es verselbständigt sich, formt seine eigenen Gestalten, wird zum rasenden Wagen, zum Dach, zur Burg. Wer sich von ihm mitreißen und umschließen läßt, gerät in Ekstase, die Plens sind eine unvergeßliche pyromanische Orgie. Hier nennt man sie ehrfürchtig die Apotheose des Festes. Tausende werfen sich in den Feuertaumel, und Tausende mehr drängen sich schaulustig in den engen Gassen rund um die beiden Plätze.

2005 nahm die UNESCO die Patum in ihre Liste der »Meisterwerke des immateriellen Kulturerbes« auf, allerdings verbunden mit einer Warnung: die Feier drohe zu einem bloßen »Massenphänomen« zu verkommen und aus kommerziellen Gründen auf »Orte und Daten, die nicht authentisch sind«, ausgedehnt zu werden. Die Versuchung zu solcher Schummelei ist groß, denn während Berga an Fronleichnam aus allen Nähten platzt, verirren sich zu anderen Zeiten kaum zahlende Gäste hierher. Schon lange bastelt die Stadtverwaltung an Aktionsplänen, um das touristische Interesse über die Festwoche hinaus wach zu halten. Am Ablauf der Patum werde natürlich nicht gerüttelt, beteuerte man anläßlich der UNESCO-Ehrung. Doch ein gewaltiges Patum-Museum soll bald ganzjährig mit der Faszination des infernalischen Kulturerbes locken.

Der Festa Major im allgemeinen hat der Fremdenverkehr bisher wenig anhaben können. Ihre Rituale sind so robust und so tief in der katalanischen Gesellschaft verankert, daß sie sich auch gegen massiven Urlauberandrang behaupten. Jeder darf mitfeiern, aber aus der Hand nehmen läßt man sich das Fest nicht. Die Zahl der Katalaninnen und Katalanen, die sich in den diversen *Colles* engagieren, den Vereinen der Gegants, der Capgrossos, der Diables, der *Dracs i Bèsties de Foc*, der Trabucaires und so weiter, ist unüberschaubar. Und hinzurechnen muß man ja noch die Castellers, die Sardana-Gruppen, die Esbarts dansaires – oft ist an den Vorführungen zur Festa Major das halbe Dorf beteiligt.

Manche Aktivisten begnügen sich nicht mit der Pflege der alten Bräuche, sondern stellen ihnen neue zur Seite. Ärger gab es deshalb in Vic, der für ihre Frömmigkeit bekannten Hauptstadt des Kreises Osona. Dort versucht seit einigen Jahren eine Jugendgruppe, wie sie sagt, »der langweiligsten Festa Major der Comarca Leben einzuhauchen«, indem sie einen Anti-Umzug namens *Birranostrum* veranstaltet: man schreitet durch die Altstadt, und vor jeder ihrer zehn Kirchen wird haltgemacht und feierlich Bier getrunken. 2006 warb das *Birranostrum* erstmals mit eigenem Plakat, Motiv war ein Jesusbild mit Bierglas und Zigarette in den Händen. Prompt ließ sich der Bürgermeister von rechten Lokalpolitikern dazu drängen, die Prozession zu verbieten. Sie fand trotzdem statt, rasch umdefiniert zu einem spöttischen bierlosen Bußgang, der die reaktionären Kräfte im Rathaus noch wütender machte als zuvor das Plakat.

Entspannter zeigten sich die Behörden der Stadt Premià de Mar an der Costa del Maresme, nördlich von Barcelona. Seit 2003 wird im Rahmen der dortigen Festa Major Jahr für Jahr zur *Cursa a pèl* aufgerufen, einem nächtlichen Wettrennen, an dem man nur nackt teilnehmen darf. Jedesmal gehen über 500 Läuferinnen und Läufer an den Start, teils um für die in Katalonien durchaus starke FKK-Bewegung zu werben, teils aber auch einfach, weil Festa Major ist.

Kurzer Einschub. Ja, Sie haben richtig gelesen, es gibt in Katalonien eine starke FKK-Bewegung. Und ebenso in ganz Spanien. So hartnäckig sich im Ausland das Gerücht hält, hier würden noch sehr altmodische Sittlichkeitsregeln gelten: das Gegenteil ist der Fall. Die Zeiten, in denen ein enthüllter Busen am Strand als »öffentlicher Skandal« belangt werden konnte, sind lange vorbei. Laut Gesetz dürfen Sie in jedem katalanischen Gewässer nackt baden, und dank der kämpferischen *Naturistes*, für die FKK mit ausgeprägtem Öko-Bewußtsein und Begeisterung für alternative Lebensentwürfe einhergeht, werden immer mehr Strände komplett textilfrei. *Ni banyadors, ni gossos, ni mirons*, lautet der Slogan an den Zugangswegen, *Keine Badekleidung, keine Hunde, keine Spanner.* Wenn Sie mich fragen: an diesen Stränden sonnen sich meist die angenehmeren Leute.

Und gleich noch ein Einschub, allerdings einer, der wieder zur Festa Major zurückführt. Es geht um ein Katalonienklischee, das ich vorne, im Stereotypenkapitel, noch ausgespart habe, nämlich das von *seny* und *rauxa*. Mit diesem Begriffspaar beschreiben sich Katalanen seit alters her gerne selbst. Seny, gesprochen *ßennj*, heißt Verstand, Besonnenheit, Klugheit. Rauxa (das X wie ein deutsches SCH, die Klangverwandtschaft mit Rausch ist, glaube ich, kein Zufall) bedeutet eine unberechenbare Anwandlung oder einen plötzlichen Ausbruch. Zwischen beiden Polen pendelt der katalanische Charakter hin und her, sagt man hier, und dankbar greift das jeder Außenstehende auf, der über Katalonien schreibt. Um die vermeintliche Nüchternheit der Katalanen im Vergleich mit den notorisch impulsiven Spaniern herauszustellen, versucht sich mancher Autor noch an einer Gewichtung, da liest man zum Beispiel, die Rauxa mache nur ein Zehntel der typisch katalanischen Persönlichkeit aus, der Rest sei Seny. Am Ende solcher Exkurse in die Volksseelenkunde stehen die Katalanen dann als grundsolide und ein bißchen langweilig da. Aber würde ein Zehntel Rauxa reichen, um sich in den Feuersturm der Plens bei der Patum zu stürzen? Oder bezeugen die Berechnungen eher eine Verlegenheit, weil die Konstante des Ausrastens in der katalanischen Kultur so schwer zu erklären ist? Klar, man kann sich behelfen, indem man sagt, die Festa Major sei eben der Rahmen, in dem man hier die Sau gründlich rausläßt, um für den Rest der Zeit einen um so kühleren Kopf zu bewahren. Aber erstens ist die Festa Major zwar die größte, jedoch längst nicht die einzige Feier im katalanischen Kalender; weitere Feste ziehen sich durchs ganze Jahr, auch sie werden in jedem Ort auf eigene Weise begangen, und mit der Beschreibung der zugehörigen Bräuche sind schon mehrbändige Werke gefüllt worden. Und zweitens bricht die Rauxa keineswegs nur zu besonderen Anlässen aus, sondern sie ist wirklich ein Grundzug dieser Kultur, der dem Seny nicht widerspricht, sondern ihn ergänzt und sich auch in ganz alltäglichen Zusammenhängen beobachten läßt (und sei es in der Rhetorik der katalanischen Nationalisten).

Doch bleiben wir fürs erste noch bei den Ausnahmezuständen – und beim Feuerzauber. Pyrotechnik und ohrenbetäubende Knallkörper, *petards* genannt, gehören in Katalonien beinahe zu jedem Fest. Bloß an Silvester wird kein bißchen geböllert. Dafür feiert man hier die Sommersonnenwende, die ja ziemlich nah an den meisten Festa-Major-Terminen liegt und an einigen Orten auch damit verschmilzt, als »Nacht des Feuers«. Überall in Katalonien werden riesige Holzhaufen in Brand gesteckt, wobei die Meinungen auseinandergehen, ob man damit Hexen und böse Geister vertreibt oder anlockt. Zu Beginn des 20. Jahrhunderts entdeckten katalanische Politiker diese Feuer von *Sant Joan* als patriotisches Symbol. Sie riefen dazu auf, die Scheiterhaufen auf Bergen und Hügeln zu errichten, damit ihr Leuchten ein brüderlicher Gruß an Gleichgesinnte in anderen Teilen des Landes sei. Und tief gerührt schmetterte man dann nachts auf den Gipfeln die Hymne *Els Segadors*, mit Blick auf Dutzende Freundesfeuer in der Ferne. An diese Auslegung anknüpfend wird seit den 1960er Jahren immer in der Nacht vor der Johannisnacht auf dem Berg Canigó in Catalunya Nord eine Art Urfeuer entzündet, von dem aus sportliche Katalanisten die Fackeln der Freiheit in möglichst viele Dörfer und Städte weitertragen.

Aber auch wer mit solchen Ideologisierungen oder Dauerläufen nichts im Sinn hat, zündelt zu Sant Joan gerne mit. Die jungen Leute in den Küstenorten tun es mit Vorliebe am Strand, da hat man gute Sicht auf das Feuerwerk über der Stadt und die Möglichkeit, sich zwischendurch in der Brandung abzukühlen. Gegen Morgen kann es allerdings passieren, daß eine Lautsprecherstimme im Viertelstundentakt durchsagt, bis wann man den Strand unbedingt verlassen haben muß, weil dann die Reinigungsbrigade freie Bahn braucht, deren Dienst zu Sankt Johannes offenbar genauso früh beginnt wie an jedem anderen Tag.

Küche und Kunst

Katalonien zählt zu den glücklichen Ländern, für die man als Gebrauchsanweisung auch ein Kochbuch schreiben könnte. Was heißt könnte, es ist längst geschehen: das Buch heißt *El que hem menjat (Was wir gegessen haben)*, erschien 1972 und stammt von Josep Pla. Der wiederum gilt als der berühmteste aller katalanischen Schriftsteller, und wenn Sie sagen, Sie haben noch nie von ihm gehört, wird man Sie hier möglicherweise entsetzt anstarren. Dabei ist es kein Wunder, wenn Sie ihn nicht kennen, denn von den 30 000 Seiten Prosa, die er hinterließ, wurde kaum etwas ins Deutsche übersetzt. Romane oder Gedichte schrieb er nur ausnahmsweise, dafür Unmengen von Essays, Porträts, Reiseberichten und Tagebüchern. In Katalonien, aber auch in ganz Spanien verehrt man ihn als meisterhaften Stilisten, unübertroffenen in der Beschreibung von Orten, Menschen, Sitten – und Nahrungsmitteln. Er kam viel herum, doch der schönste Fleck Erde blieb für ihn immer die Gegend, in der er geboren war: das Empordà, also die Costa Brava und ihr zauberhaftes Hinterland. Diese Heimatverbundenheit hatte er mit dem etwas jüngeren Salvador Dalí gemeinsam. Desgleichen, zumindest für eine Weile, die Begeisterung für Franco. Und so fehlt Josep Pla zum Säulenheiligen des Katalanismus eigentlich die unbefleckte politische Biographie. Doch je mehr Zeit verstreicht, desto weniger scheint sein Liebäugeln mit dem Regime gegenüber seinen Verdiensten um die katalanische Sprache und um das katalanische Selbstbewußtsein ins Gewicht zu fallen, zumal er in keiner Phase seines Schaffens aufhörte, die Schönheiten und Köstlichkeiten Kataloniens zu preisen. Heute sind sich in der Pla-Verehrung hier fast alle einig, bis weit ins linke Spektrum hinein.

Ich muß gestehen, daß ich mit seinen Texten nicht immer warmwerde, auch abseits von ideologischen Fragen. Vielleicht fehlt mir die nötige Reife. Solche Cocktails aus genauer Beobachtung, makellos klarer Sprache und abgeklärter Genießerweisheit, bisweilen mit einer Prise Sarkasmus gewürzt, wissen, glaube ich, eher ältere Menschen zu schätzen. Aber freundlicherweise schrieb Josep Pla als eins seiner zig Bücher eben *El que hem menjat*, so daß ich der Pflicht, ihn zu erwähnen, schon jetzt nachkommen und ihn weiter hinten, im Kapitel über katalanische Berühmtheiten, ohne schlechtes Gewissen auslassen kann.

Minutiös legt der große Chronist dar, was er wo in Katalonien zu welcher Jahreszeit aufgetischt bekommen hat. Über den Tellerrand blickt er auf sein eigenes Leben zurück, schildert katalanische Landschaften, Traditionen und Eigenheiten, schwelgt in Jugenderinnerungen und in Litaneien, daß früher alles besser schmeckte. Er macht sich die Mühe, jeden Speisefisch des westlichen Mittelmeers einzeln zu porträtieren und in einer persönlichen Bestenliste zu verorten (auf Platz eins *el corball*, der seltene Schattenfisch, Platz zwei *el llobaro*, der Wolfsbarsch), er geißelt den Mangel an Rind auf dem katalanischen Speiseplan, und er findet bewegende Worte für die Miesmuschel der hiesigen Küstengewässer, die es mit modischen Importen wie Kaviar, Austern und Foie gras locker aufnehmen könne. Was übrigens keine Übertreibung ist. Die katalanischen Miesmuscheln müssen Sie unbedingt probieren, sie heißen hier *musclos de roca*, sind von eher gedrungener Form und haben, anders als ihre schlankeren Verwandten aus dem Atlantik oder der Nordsee, kein orangefarbenes, sondern weißliches Fleisch. Saison für diese Köstlichkeit ist von Ende Mai bis November.

Die Slow-food-Bewegung der letzten Jahre hat Josep Plas Plädoyer für die klassischen, firlefanzlosen, aber oft zeitaufwendigen Rezepte der Landesküche viele neue Freunde beschert. Jenseits der Tendenz zu Fertiggerichten, Tiefkühlkost und Imbißketten, die es hier wie überall gibt, lassen sich in Katalonien heute zwei große kulinarische Trends ausmachen: zurück zum Einfachen und vorwärts zum Schaum. Erstere Strömung äußert sich vor allem im sogenannten »Kult des Produktes«, womit eine Küche der guten Zutaten gemeint ist, deren natürliches Aroma zur Geltung kommen soll – ganz im Sinn des Autors von *El que hem menjat* und gemäß der Überzeugung, daß die im eigenen Land angebauten oder herangezüchteten Nahrungsmittel von unschlagbarer Qualität sind. Dieses Vertrauen in die regionalen Erzeugnisse finden Sie in allen Teilen Spaniens. Es steht in krassem Widerspruch zu den Pestizidmengen, die bei fast jeder Greenpeace-Stichprobe im Obst und Gemüse von der Halbinsel entdeckt werden, oder zum Ausmaß der Genverseuchung auf den hiesigen Maisfeldern. Doch bestimmt ist Ihnen auch schon aufgefallen, daß spanische Tomaten in Spanien hundertmal besser schmekken, als wenn Sie sie bei sich zu Hause im Supermarkt kaufen. Klar, das hat mit Frische und Transportwegen und Urlaubsgefühl zu tun. Aber ebenso damit, daß ziemlich viele Leute hier noch genau wissen, wie lecker eine Tomate sein kann, und sich deshalb nicht mit roten Wasserballons abspeisen lassen.

Ich möchte keine falsche Romantik verbreiten. Die Sorglosigkeit im Umgang mit Chemie auf den Äckern ist wirklich ein schwerwiegendes Problem, über das man sich vom

Glücksgefühl auf der Zunge nicht hinwegtäuschen lassen sollte. Als mir ein Obstbauer in der Franja de Ponent erklärte, daß er seine eigenen Pfirsiche – es waren die besten, die ich je gegessen hatte – niemals mit Schale verzehren würde, kam ich mir sehr naiv vor. Allerdings stellen heute auch in Katalonien immer mehr Landwirte auf Öko um, oder sie verkaufen ihre ohnehin noch im alten Stil zubereiteten Spezialitäten mit neuem Stolz. Der »Kult des Produktes« beginnt sich vom Geschmack auf die Herstellungsweise auszuweiten. Selbst die behäbige Kaufhauskette El Corte Inglés hat in ihren Lebensmittelabteilungen inzwischen einen Biobereich eingerichtet.

Offizielle Weihen verschafft sich das wiedererwachte kulinarische Selbstbewußtsein Kataloniens in Form von immer mehr geschützten Herkunftsbezeichnungen. Anders als bei Spreewaldgurken oder Nürnberger Lebkuchen geht es hier nicht darum, altgediente Namen vor der Beliebigkeit zu retten, sondern neue Gütesiegel zu schaffen und damit die Eß- und Trinkkultur aus der rustikalen Bescheidenheit herauszuholen und für die Imagebildung zu nutzen. In der Comarca Priorat fand man für diese Strategie die Formel *vi + oli + paisatge = futur (Wein + Öl + Landschaft = Zukunft).* Hier ist auch eine der beiden prominentesten Herkunftsbezeichnungen für katalanisches Olivenöl zu Hause: Siurana. Die zweite, les Garrigues, grenzt direkt nördlich an.

Bleiben wir für einen Moment im Priorat, denn es bietet das beste Beispiel für den katalanischen Feinschmecker-Aufschwung. Im Landesinnern der Provinz Tarragona gelegen, in prachtvoller, aber zerklüfteter und deshalb schwer zugänglicher Hügellandschaft mit heißen Sommern, kühlen Wintern, viel Wind und wenig Regen, ist der Kreis lange Zeit einer der ärmsten von Katalonien gewesen. Den Namen Priorat verdankt er dem Kartäuserkloster Scala Dei, das im 12. Jahrhundert am Fuß des Berges Montsant errichtet wurde. König Alfons II. hatte die Mönche hergeholt, um das eben erst den Arabern entrissene und weitgehend unbesiedelte

Gebiet zu kultivieren. Die frommen Brüder fingen sogleich mit dem Weinbau an, und in der Umgebung der Kartause wuchsen ein paar Dörfer. Die nächsten fünf-, sechshundert Jahre wirtschaftete man eher abgeschieden vor sich hin und trotzte den rotbraun schimmernden Schieferböden neben Trauben vor allem Oliven, Mandeln und Haselnüsse ab. Mit dem ersten Boom der katalanischen Weine, der im späten 18. Jahrhundert einsetzte, belebte sich das Priorat – und verwandelte sich, der riesigen Nachfrage wegen, fast in eine Monokultur. Ihren Höhepunkt erreichte diese Entwicklung in den 1870ern, als über Frankreich die Reblausplage hereingebrochen war und dort den gesamten Weinbau lahmlegte. Die Winzer aus dem Priorat sprangen gerne in die Bresche, manche verlegten sich ganz auf den lukrativen Export. Bis die Reblaus auch ihre Hänge erreichte. *Fil·loxera* – das Doppel-L mit Punkt spricht sich als etwas in die Länge gezogenes L – ist in Katalonien noch heute ein Wort des Grauens. Alle Versuche, den Blatt- und Wurzelschädling zu bekämpfen, scheiterten. Nach kurzer Zeit waren die Landstriche um den Montsant ruiniert, das Priorat begann sich zu entvölkern. Um die Reblaus wieder loszuwerden, half nur eine Radikalkur: man mußte sämtliche Weinstöcke herausreißen und statt dessen amerikanische, gegen die Laus resistente Setzlinge pflanzen. An denen konnte man zwar durch Aufpfropfung weiter die einheimischen Traubensorten züchten, doch bis man auf nennenswerte Erträge kam, vergingen Jahrzehnte. Inzwischen herrschte Franco, und das Winzerhandwerk in Spanien bot ein trostloses Bild. Es war die Phase, in der spanischer Wein sich im Ausland den Ruf als billiger Fusel mit hohem Dröhnpotential erwarb, der ihm in besseren Tagen noch so hartnäkkig anhaften sollte. Die Tropfen aus dem Priorat hielten den Rekord mit bis zu 24 % Alkohol. Josep Pla schrieb dazu:

> In einer Comarca, die derartige Flüssigkeiten herstellt, besteht die größte Gefahr darin, daß ein Bekannter Sie

> im Namen eines unbändigen Lokalpatriotismus auf eine Flasche einlädt. Dann sind Sie verloren, denn so ein Angriff läßt sich kaum abwehren. Die einzige Lösung ist, Sie schützen von Beginn an ein akutes Geschwür im Zwölffingerdarm vor und spielen das empfindliche Mimöschen. Sonst werden Sie schon nach verhaltenem Genuß in Schlangenlinien und mehr tot als lebendig in Ihr Quartier zurückkehren.

Zu dieser Zeit lieferte das Priorat auch wieder viel nach Frankreich, jedoch nur, damit die Kracherweine aus dem Süden als anonyme Beimischung manch schmächtigem *Rouge* zum Wunschkörper verhelfen konnten. Und als andere Anbaugebiete Kataloniens, vor allem der Penedès, längst daran arbeiteten, ihren Ruhm aus den Jahren vor der Reblaus wiederherzustellen, vegetierte das Hügelland rings um die Trümmer des Kartäuserklosters immer noch halb vergessen dahin. Die hier gelesenen Trauben flossen nun in katalanische Supermarkt-Standards wie *Sangre de Toro* ein.

Das Wunder des Priorat begann Ende der 1980er Jahre. Man verbindet es vor allem mit zwei Namen, Álvaro Palacios und René Barbier. Beide stammten aus auswärtigen Weindynastien, Palacios aus La Rioja, Barbier aus einer schon länger in Katalonien aktiven französischen Familie, und sie gehörten zu einer Gruppe von Winzerinnen und Winzern, die es sich in den Kopf gesetzt hatte, der Legende neues Leben zu geben. Dabei ist der Weinbau im Priorat eher mühsam. Die schroffe Landschaft läßt kaum größere zusammenhängende Anpflanzungen zu, die Reben gedeihen auf schmalen Hangterrassen, immer wieder unterbrochen von Felspartien und häufig streifenweise im Wechsel mit Oliven- oder Mandelhainen. Doch der ungewöhnliche Schieferboden, *llicorella* genannt, und das rauhe Klima bringen, wenn man sie zu nutzen weiß, Gewächse hervor, die jede Anstrengung lohnen. Genau danach strebten die jungen Winzer um Palacios und

Barbier, und sie hatten sensationellen Erfolg. Vom ersten Jahrgang an wurden die neuen Priorat-Weine auf Messen und Auktionen in aller Welt gefeiert und mit Auszeichnungen überhäuft. Es schien, als wäre ein Bann gebrochen. Plötzlich knüpften auch die eben noch verarmten und verschüchterten einheimischen Weinbauern mit leichter Hand an die Zeiten an, als hier die besten Roten der ganzen Halbinsel gekeltert wurden, und binnen weniger Jahre sicherte sich das Priorat einen Ehrenplatz auf der internationalen Gourmet-Landkarte. Seit dem Jahr 2000 ist die Herkunftsbezeichnung *Priorat* eine *Denominació d'origen qualificada* – die höchste Stufe in der Klassifikation von Anbaugebieten, die in Spanien sonst allein La Rioja erreicht hat. Da *Priorat* aber nur die Weine heißen dürfen, die im näheren Umkreis des ehemaligen Klosters wachsen, gibt es in der Comarca sogar noch eine zweite geschützte Herkunftsbezeichnung, *Montsant*. Wenn eine Flasche mit diesem Etikett Sie anlacht, können Sie ebenso vertrauensvoll zugreifen, wie wenn *Priorat* draufsteht.

Allerdings wurden hier auch in den finsteren Franco-Jahren nicht nur die »Flüssigkeiten« erzeugt, die Josep Pla zum Torkeln oder Notlügen brachten. Der 1975er *Cartoixa Scala Dei* steht im Ruf, der größte Priorat-Wein aller Zeiten zu sein. Bloß bekam von solchen Offenbarungen eben damals kaum jemand etwas mit. Heute ist das ganz anders, jeder halbwegs hispanophile Rotweinfreund kann Ihnen etwa zu *Clos Mogador* oder *Finca Dofí* so viel erzählen, als wären es die Namen seiner Lieblingsbands. Neben den Spitzenerzeugnissen vernachlässigt man hier aber keineswegs die erschwinglicheren Freuden: das Wunder des Priorat fängt schon in der mittleren Preisklasse an.

Und es beschränkt sich nicht mehr auf den Wein. Wenn Sie zum Beispiel nach Escaladei kommen – dem Dorf, dem einst das Kloster seinen Namen gab und dessen Häuser heute großenteils aus den abgetragenen Mauersteinen ebendieses Klosters bestehen – und sich dort vom Winzer Fernando Miró durch seine Keller und durch die Geschichte des Priorat führen lassen, ist es gut möglich, daß er Sie im Anschluß an die Weinprobe fragt, ob Sie auch noch eine Ölprobe wollen. Dafür nimmt dann seine Frau, Neus Cubells, Sie in Empfang, und in einem kleinen Laden, liebevoll um eine uralte Ölmühle herumgebaut, das Angebot reicht von hausgemachten Pasten, Marmeladen und Keksen bis zu schmucken Tonkrügen, und zwischen den Produkten stehen handgemalte Schilder mit dem Wahlspruch *vi + oli + paisatge = futur*, träufelt sie Ihnen verschiedene Olivenöle auf Weißbrotwürfel. Nach dieser Verkostung werden Sie verstehen, warum man hier sagt, das Öl sei der Vetter des Weins, und warum man das Bouquet der Siurana-Pressungen ebenso bildhaft und nuanciert beschreibt wie das der Priorat-Abfüllungen. Vielleicht fangen Sie an, sich für katalanische Olivensorten zu interessieren – es gibt etwa ein Dutzend, die beliebteste heißt *arbequina*, sie sieht unscheinbar aus (klein, mehr grau als grün, oft verbeult), setzt aber ein besonders feines Aroma frei. Aus der Arbequina wird auch das *Oleum Priorat* gewonnen, der Star unter den Siurana-Ölen, hergestellt in Scala Dei als Frucht jahrelanger Suche nach der besten Mischung aus den besten Ernten der Gegend. Und Neus Cubells und Fernando Miró haben noch mehr vor: seit einigen Jahren bewirtschaften sie ihre Haine komplett ökologisch und arbeiten daran, den tausendjährigen Bäumen ein Bio-Olivenöl zu entlocken, dessen Geschmack selbst *Oleum Priorat* in den Schatten stellen soll.

Sosehr das Selbstbewußtsein der Comarca in letzter Zeit gewachsen ist, von der Gefahr zu versnobben ist das Priorat noch weit entfernt. Die herpilgernden Sommeliers und Küchenchefs werden mit stolzer Professionalität empfangen, doch zugleich kann man Siurana-Öle hier auch im Plastikkanister in der Tankstellenbude kaufen. Und nach wie vor bringt das Priorat, wie viele Regionen Spaniens, große Mengen an hochwertigem Olivenöl gar nicht selbst auf den Markt, sondern liefert sie nach Italien. Gerade unter den deutschsprachigen Freunden der Mittelmeerküche hält sich so beharrlich die Ansicht, alles wirklich Gute müsse aus Italien kommen, daß die dortigen Olivenernten den Bedarf längst nicht mehr decken. Da die Kundschaft aus dem Norden sich aber meist mit einem »Abgefüllt in« zufriedengibt, wird fleißig Öl aus Spanien importiert und darf den italienischen Ruhm untermauern.

Zwei Jahrzehnte nachdem das Wunder begann, ist das Priorat immer noch dünn besiedelt, 10 000 Einwohner auf einer Fläche fünfmal so groß wie die der Millionenstadt Barcelona. Der Tourismus entwickelt sich eher zaghaft, von Busladungen aus den Badeorten der Costa Daurada abgesehen, für die ihr Hotel als Halbtagesausflug eine Führung durch einen der größeren Weinbetriebe arrangiert hat. Allerdings wissen die Einwohner ihre Ruhe auch zu schätzen. Sie halten sich zum Beispiel etwas darauf zugute, daß das Priorat die einzige katalanische Comarca ohne jede Ampel ist. So was brauche man hier nicht, bei dem bißchen Verkehr. Obwohl, eine Ausnahme gibt es doch, am Ortseingang der Kreishauptstadt Falset. Aber nur für die Dauer der Bauarbeiten an einer neuen Umgehungsstraße, versprach der Bürgermeister. Sobald man damit fertig sei, komme die Ampel wieder weg. »Und falls nicht«, sagen die Leute, »dann sägen wir sie selber um.« Wenn Sie mal in der Gegend sind, können Sie ja nachschauen, ob sie noch steht.

Doch zurück zur katalanischen Küche. Über die Aufwertung der lokalen Spezialitäten hinaus gibt sie sich gerne ein bißchen spleenig. Klassisches Beispiel dafür ist das *pa amb tomàquet*, das Tomatenbrot. Eigentlich kein großes Kunststück: man nimmt Weißbrot, am besten geröstet, reibt die Scheiben erst mit einer aufgeschnittenen Knoblauchzehe ab und drückt dann weiche, nicht längs, sondern quer halbierte Tomaten darauf aus. Noch ein wenig Salz und ein paar Tropfen Olivenöl – fertig. Bei guten Zutaten (und darum geht es ja) schmeckt das wunderbar, sei es pur, als Beilage oder belegt mit

Schinken, Salami oder Käse. Weshalb die Katalanen gerade dieses Gericht als ihr kulinarisches Markenzeichen behandeln, bleibt mir dennoch ein Rätsel. Weder scheint mir gesichert, daß man wirklich nur hier darauf gekommen ist, noch finde ich es repräsentativ für den Reichtum der katalanischen Küche. Ich glaube, das Tomatenbrot war einfach der Kompromiß, auf den sich die eigensinnigen Comarques einigen konnten, das Rezept, für das kein Teil Kataloniens ein gesondertes Urheberrecht beanspruchte. Hinzu kommt wohl der Reiz der gepflegten Untertreibung.

Ihre Sternstunden hat die traditionelle katalanische Kochkunst bei den Gerichten mit Fisch und Meeresfrüchten. Aus dem Landesinneren kommen auch köstliche Rezepte mit Geflügel, Kaninchen, Lamm und Wild. Das am häufigsten verwendete Fleisch ist jedoch Schwein, was immerhin bei den Wurstwaren zu Glanzstücken führt; sehr empfehlen kann ich die dünne und feste hiesige Salami, *fuet* genannt, das bedeutet Peitsche. Und vor allem in der Provinz Girona wird ungewöhnlich kombiniert. Das Prinzip heißt *Mar i muntanya*, Meer und Gebirge. Es schlägt sich in Kompositionen wie Huhn mit Languste oder Hackfleischbällchen mit Sepia nieder und kann zu echten geschmacklichen Offenbarungen führen, aber nicht jede Restaurantküche, die diese Spezialitäten anbietet, zeigt sich ihnen gewachsen. Eine verläßliche Gaumenfreude ist dagegen das Gemüse, besonders wenn es aus dem Ofen kommt und unter dem Namen *escalivada* angeboten wird.

Und auf keinen Fall sollten Sie bei den katalanischen Nachtischen zögern. Davon gibt es unzählige, zumal wenn man das süße Gebäck mitrechnet, von dem hier fast jedes Dorf seine eigene Sorte bietet – meist eine Variation aus der Zutatenliste Mandeln, Zucker, Eier, Mehl, Milch, Obst, Zimt, Anis, Schmalz und Alkohol. Ebenso haben die großen Feste ihre besonderen Naschereien. Man versüßt sich die Osterzeit mit *bunyols*, kleinen mit Anis oder Zitrone gewürzten Krapfen, zur Mittsommerfeier backt man die *Coca de Sant Joan* (einen zuckrigen ovalen Hefeteigfladen, bunt geschmückt mit kandierten Früchten), zu Allerheiligen ergötzt man sich an *panellets*, Mandelplätzchen mit einer Haube aus Pinienkernen – und so weiter.

Das berühmteste katalanische Dessert ist aber natürlich die Crema Catalana, die kennen Sie sicher, und sei es unter dem Namen Crème Brûlée. Daß sie in Katalonien erfunden wurde, gibt man heute sogar in Frankreich zu. Ursprünglich war auch dieses Rezept mit einem Feiertag verbunden, dem 19. März, Sankt Josef, den man hier als Vatertag begeht. Etwas Zeremonielles hat die Zubereitung von Crema Catalana bis heute behalten, denn man benutzt dabei ein Werkzeug, das sonst nie zum Einsatz kommt: die *pala*, ein rundes Brenneisen am Stiel, genau in der Größe einer *cassola*, des flachen Tonschälchens, in dem die Creme serviert wird. Mit der Pala verpaßt man ihr die unverzichtbare braune Zuckerkruste; die handlichen Flammenwerfer, mit denen man in Frankreich die Crème Brûlée abfackelt und meist nur eine halbharte, ungleichmäßige Karamelisierung erzielt, sind hier nicht gebräuchlich.

Parallel zur Rückbesinnung auf die altbewährten Rezepte zeigt die katalanische Küche heute große Beweglichkeit und Neuerungslust. Zum berühmtesten Beispiel dafür komme ich gleich, zuerst aber ein bodenständigeres: die Tapas. Oder Tapes, das ist die katalanische Schreibweise. Ab und zu hört man, diese Häppchen seien hier nicht heimisch, sie würden nur deshalb angeboten, weil sie zur Spanien-Folklore gehörten und die Touristen es so wollten. Doch das stimmt nicht. Erstens gibt es Tapas in Katalonien auch in Bars, in die sich kein Urlauber verirrt, und zweitens bezeichnet das Wort ja nicht bestimmte Gerichte, sondern eine bestimmte Darreichungsform: als Portion, die auf einen Teller, so klein wie ein Bierdeckel, paßt. Was auf diesen Teller kommt, steht völlig frei, es müssen nicht immer die Standards wie Oliven, Chorizo oder Essigsardellen sein. Viele Köchinnen und Köche wissen die Minispeisen hier als Experimentierfeld zu schätzen. Zugleich haben einige urkatalanische Gerichte, etwa Schnekken, *botifarra* (deftige Kochwurst) oder *bacallà amb samfaina* (Kabeljau mit gebratenem Gemüse) längst ihren festen Platz in den Tapasvitrinen gefunden. Und das Tomatenbrot glänzt als idealer Begleiter.

Weit weg von allen herkömmlichen Zubereitungsweisen führt die Schule des Kochens, die Katalonien seit den 1990er Jahren zu einem Inbegriff der Gastro-Avantgarde gemacht hat. Galionsfigur ist Ferran Adrià, Chef des mythenumrankten Restaurants El Bulli. Für sein Konzept der »Molekulargastronomie« wird er als Revolutionär der Haute Cuisine gefeiert. Er verwandelt Pilze in Schäume oder Meeresfrüchte in Gelee, er läßt Melone in flüssigem Stickstoff zu winzigen Tropfen erstarren und tischt Olivenöl als Bonbon auf. Wenn er seine Arbeit beschreiben soll, spricht er von Dekonstruktion, von Dekontextualisierung oder auch von der »Symbiose der süßen und der salzigen Welt«. Zum endgültigen Beweis, daß hier Küche und Kunst auf höchstem Niveau verschmelzen, wurde Ferran Adrià für 2007 zur documenta nach Kassel eingeladen.

Normalerweise kocht er im Empordà, und zwar strenggenommen nicht in der Josep-Pla-, sondern in der Dalí-Hälfte. Plas Heimat war das südlicher gelegene Baix Empordà, während Dalí aus dem an Frankreich grenzenden Alt Empordà stammte, und in dieser Gegend, an einer Bucht namens Cala Montjoi, von der Stadt Roses aus über eine schmale Landstraße zu erreichen, verbirgt sich das Restaurant El Bulli. Es ist nur von April bis September geöffnet und immer nur entweder mittags oder abends. Als bekennender Anhänger der Tapaskultur läßt der Alchimist seine Schöpfungen hier als Abfolge von dreißig Kleinstgängen servieren. Das Winterhalbjahr nutzt er, um im Kochlabor *El Bulli Taller* in Barcelona die Kunststücke der nächsten Saison auszutüfteln, Bücher über sein bisheriges Wirken zusammenzustellen oder die kaum überschaubare Zahl von Beraterverträgen zu erfüllen, mit denen er sich ohne Scheu auch mal an eine Supermarktkette oder einen Kartoffelchips-Hersteller bindet.

Ferran Adriàs »cuina tècnico-conceptual« (technisch-konzeptuelle Küche) hat in der vornehmeren Gastronomie Kataloniens viele Nacheiferer gefunden. Vielleicht kann Sie ja ein begabter Zauberlehrling über die Aussichtslosigkeit, in El Bulli eine Reservierung zu ergattern, hinwegtrösten – und sei es, indem sich ein pikantes Schäumchen als Gemüsebeilage und eine kurz in Olivenöl angebratene und mit einer Prise Meersalz bestäubte Mousse au Chocolat in ein anderweitig klassisch zubereitetes Menü einschleichen. So geschah es mir einmal im schönen Städtchen Begur im Baix Empordà und machte großen Spaß.

Und um nun auch mal wieder dem engeren Sinn des Wortes Gebrauchsanweisung gerecht zu werden, noch ein paar Basisinformationen zum Essen und Trinken in Katalonien:

Man frühstückt nicht viel. Kaffee und Croissant sind Standard, wobei der Kaffee entweder ein *café sol* (großer Espresso) sein kann oder ein *café amb llet* (mit Milch) oder ein *tallat* (mit wenig Milch).

Vor 13 Uhr gibt es kein Mittag- und vor 20 Uhr kein Abendessen. Tapas oder *entrepans* bekommt man aber den ganzen Tag. Entrepans sind belegte Baguettes; Ihr Reiseführer wird vielleicht behaupten, sie hießen *bocadillos*, das ist das spanische Wort.

Eine vollständige Mahlzeit besteht aus Vorspeise *(primer plat)*, Hauptgericht *(segon plat)* und Nachtisch *(postres)*. Als schnelle und preisgünstige Alternative bieten einfache Lokale mittags *plats combinats* an, Zusammenstellungen von Vor- und Hauptspeisen auf einem Teller.

Vermutlich enthält Ihr Reiseführer auch einen Absatz über alkoholische Getränke, in dem es heißt, es sei hier üblich, sich schon am Vormittag ein kleines Bier zu gönnen, zum Mittag- und Abendessen trinke man dann jeweils ein paar Gläser Wein und zum Kaffee nach dem Dessert noch einen Cognac. Glauben Sie das nicht. Warum sich dieses Säufermärchen so hartnäckig durch die touristische Literatur zu Katalonien und Spanien zieht, ist mir ein Rätsel. Insgesamt wird hier deutlich weniger gebechert als in Deutschland, und auf das Tagespensum, das ihnen unterstellt wird, kommen die meisten Katalanen allenfalls, wenn sie selbst Urlaub machen. Ein wichtiger Unterschied liegt außerdem in der Portionsgröße: unter einem Glas Wein versteht man hier 0,1 Liter, und ein Bier im Halbliterhumpen empfindet man schon als monströs.

Eine klassisch katalanische Weise, Wein zu trinken, ist, ihn sich aus einem Glaskolben mit einer spitz zulaufenden Tülle in den Mund zu gießen. Diesen Kolben nennt man *porró*, und er hat als katalanisches Klischee-Accessoire fast denselben Stellenwert wie die Barretina. Einen Porró ohne Kleckern zu handhaben ist allerdings viel schwieriger, als eine rote Beutelmütze zu tragen, auch wenn geübte Einheimische (meist lebenslustige ältere Herren) sich den Strahl aus dreißig Zentimeter Abstand ohne hinzugucken zwischen die leicht geschürzten Lippen setzen.

Beginnt ein Katalane angesichts dampfender Teller von Profit zu reden, handelt es sich nicht um einen Auswuchs seines Geschäftssinns. *Bon profit* heißt Guten Appetit.

Im Restaurant werden Sie plaziert. Und es ist unüblich, sich bei anderen Gästen dazuzusetzen, auch wenn ein Tisch noch zur Hälfte frei ist.

Wenn Sie in Gesellschaft essen gehen, versuchen Sie bitte nicht einzeln zu bezahlen. Der deutsche Brauch des *Zusammen oder getrennt?* wird in Katalonien als barbarisch empfunden. Hier legt der Kellner die Rechnung auf den Tisch und zieht sich zurück, und dann können Sie entscheiden, ob einer alles bezahlt oder ob die Gruppe den Betrag zusammenwirft.

Wunderbare Anregungen aus der katalanischen Küche finden Sie in den Pepe-Carvalho-Krimis von Manuel Vázquez Montalbán, von denen ja die meisten ins Deutsche übersetzt sind. Montalbán ließ aber nicht nur seinen unverwüstlichen Privatdetektiv in den kulinarischen Schätzen des Landes schwelgen, sondern schrieb auch etliche Bücher speziell übers Essen. Vor allem *L'art del menjar a Catalunya (Die Kunst des Essens in Katalonien)*, 1977 veröffentlicht, war für die Rückbesinnung auf die traditionelle katalanische Küche ähnlich grundlegend wie Josep Plas *Was wir gegessen haben.*

Sandra

Capçanes ist ein Dorf im äußersten Süden des Priorat. Am Ortseingang grüßt ein Denkmal des hier geborenen Volkshelden Carrasclet, der im frühen 18. Jahrhundert die Truppen des spanischen Königs Philipp V. bekämpfte. Direkt gegenüber liegt die Einfahrt zum Celler de Capçanes, dem Betrieb der hiesigen Winzergenossenschaft. Solche *cooperatives* gründeten sich in den Jahrzehnten nach der Reblauskatastrophe in vielen Gemeinden, weil die Weinbauern merkten, daß sie den mühsamen Weg aus der Krise nur im Zusammenschluß schaffen konnten. Eine Besonderheit von Capçanes liegt darin, daß hier seit einigen Jahren auch ein zertifizierter und sehr guter koscherer Wein hergestellt und an jüdische Gemeinden in zahlreiche Länder, besonders aber in die USA geliefert wird.

Die Winzergenossenschaft von Capçanes zählt achtzig Mitglieder, und eine davon ist Sandra Aulló, zuständig für das Marketing.

»Der Gedanke, zu einer Nation mit eigener Geschichte, Kultur und Sprache zu gehören, macht mich schon stolz. Aber vor allem mag ich an Katalonien die Landschafen, die Kontraste zwischen den Provinzen, die verschiedenen Dialekte, das *Mar i muntanya* aus Girona, die Schnecken aus Lleida, eine gute Paella aus Tarragona oder ein paar Tapas in Barcelona.

An uns selbst schätze ich all das, was uns als Katalanen ausmacht: den Fleiß, die Ehrlichkeit, die Gastfreundschaft – und auch unsern Humor, immer ein bißchen schwarz und sarkastisch. Allerdings stört es mich, wenn die nationalistischen Gefühle wie eine Fahne hochgezogen und bis ins Letzte ausgereizt werden. Mich nerven auch der ständige Klatsch und der Sparwahn, zwei sehr typische Züge unseres Landes. Außerdem der ewige Konservatismus der katalanischen Bourgeoisie und die Doppelmoral, die damit einhergeht.

Ich bin begeistert von Barcelona, als Weltstadt, als riesiges Freilichtmuseum, als Symbol des harmonischen Zusammenlebens von Modernität und den Wurzeln, der Vergangenheit. Jetzt rede ich schon wie das Tourismusbüro. Und natürlich liebe ich das Priorat, dieses Mosaik von kleinen Dörfern, verstreut zwischen den Rebenhängen, ein Sandwich zwischen Meer und Bergen.

In einer Zeit, in der Europa klare Tendenzen zur Vereinigung zeigt, glaube ich nicht, daß es eine gute Idee wäre, uns zu einem unabhängigen Staat zu erklären – auch wenn die dauernden Gehässigkeiten, die wir von Teilen des spanischen Staates zu erdulden haben, mich da oft ins Schwanken bringen. Ich bin für ein Katalonien, in dem die Steuerzahler nicht ungleich behandelt werden, in dem unser Recht respektiert wird, eigenständig über all das zu entscheiden, was unser Land hervorbringt. Das ist, finde ich, nicht zuviel verlangt.

Ob ich mich als Spanierin sehe? Alles ist relativ. Wenn ich einem Spanier gegenüberstehe, scheinen mir die vier Streifen auf die Zunge und in die Pupillen tätowiert, dann verteidige ich mein Land mit ganzer Seele und streite ab, was in meinem Paß steht. Aber einem Ausländer gegenüber bin ich Spanierin. Das ist eine Tatsache, die man nicht leugnen kann, außerdem ist Spanien ja trotz allem ein Land mit Charakter und voller wunderbarer Dinge. Ich bin auch komplett zweisprachig. Ich nehme an, das ist einer der Vorteile daran, in Barcelona aufgewachsen zu sein, wo es einen ganz selbstverständlichen Kontakt mit dem Kastilischen gibt. Aber Katalanisch ist, wie es ja auch so schön im Statut heißt, meine *llengua pròpia*, die Sprache, die ich benutze, wenn ich darüber nachdenke, was ich morgen koche, was für eine Hitze wir gerade haben oder wie ich mich neulich über das Lachen meines Neffen Xavi gefreut habe.

Der Wein gehört für mich zur Identität meines Landes, so wie für die Juden die Kippa oder für die Amerikaner der Hamburger. Ohne einen Porró mit Wein ist kein Tisch gut gedeckt. Der Wein ist Feier, ist Trost, ist ein Schatz, ist der beste Begleiter des Essens!

Hier noch mein Lieblings-Katalanenwitz: Ein Katalane reißt von den Wänden in seinem Eßzimmer die Tapeten herunter. Ein Freund kommt vorbei und fragt: Na, richtest du dich neu ein? – Nein, nein, ich ziehe um.«

Die Großen

Der bekannteste Katalane überhaupt? Natürlich der, der als Sechzehnjähriger schrieb: »Seré un geni i el món m'admirarà« – »Ich werde ein Genie sein, und die Welt wird mich bewundern«. Schon zwei Jahre vorher hatte er in der Jugendzeitschrift *En Patufet* seine erste Zeichnung veröffentlicht, einen Jungen, der sich gefährlich über einen schwindelerregenden Abgrund beugt. Ein paar Schritte hinter ihm steht sein Vater und mahnt: »Wenn du da runterfällst, dann setzt es aber was!« So komisch begann die Karriere des Salvador Dalí. Wie sie weiterging, brauche ich nicht zu erzählen. Daß ausgerechnet er es zum prominentesten Repräsentanten Kataloniens in der ganzen Welt brachte, löst hier gemischte Gefühle aus. Nicht alle finden sich damit ab, das Genie in ihm zu sehen, für viele war er ein Egomane, ein gerissener Geschäftemacher, skrupelloser Selbstvermarkter und politischer Heuchler – wovon ja nichts sich ausschließt. In Katalonien ist ein Anagramm seines Namens sehr populär, das sein anfänglicher Förderer und späterer Gegner André Breton aufspürte: *Avida Dollars*. Das klingt auf französisch und katalanisch wie *Avide de dollars* bzw. *Àvid de dòlars – Gierig nach Dollars*. Dalí ließ die Beleidigung allerdings ins Leere laufen, indem er sie sich zu eigen machte. 1966 veröffentlichte er unter dem Titel *Lettre ouverte à Salvador Dalí* einen Briefwechsel zwischen *Dalí surréaliste* und *Avidadollars*. In einem der Briefe unterzieht er beide Figuren einem direkten Vergleich und vergibt Punkte für Eigenschaften wie »Legitimität«, »Schnurrbart«, »Angst« und »Intelligenz«.

Egal wie man zu Dalí steht, zumindest eins ist an seinem Werk zweifellos sehr katalanisch: die Landschaften. Die felsigen Hügel und schroffen Küsten des Alt Empordà, vor allem in der Umgebung von Cadaqués, wo sich die kargen Ausläufer der Pyrenäen ins Meer schieben, dienten ihm durch die Jahrzehnte immer wieder als Bildhintergründe, manche Horizontabschnitte oder Buchten lassen sich sogar genau identifizieren. Das surrealistische Universum trägt vertraute Züge. Auch das zugleich goldene und geisterhafte Licht, in das es meist getaucht ist, verdankt sich unverkennbar der Heimat des Malers.

In diesem Dalí-Universum ein bißchen herumzuspazieren lohnt sich auf jeden Fall. Möchte man es geographisch fassen, so bildet es ein Dreieck im Empordà, zwischen Cadaqués, Figueres und Púbol. In Cadaqués verbrachte Dalí schon als Kind die Sommer, und ein Leben lang nutzte er seinen Einfluß, um zu verhindern, daß die Silhouette des wunderschönen, blendend weißen Fischerstädtchens durch unpassende Neubauten beeinträchtigt wurde. Im Hafen Portlligat, hinter der nächsten größeren Landzunge, entwarf er um eine alte Baracke herum seinen eigenen Wohnsitz, die Casa Dalí, die mit jeder Erweiterung labyrinthischer wurde, von außen aber hauptsächlich durch die riesigen Eier auf dem Dach auffällt.

Púbol ist ein winziges Dorf ein Stück im Landesinnern, etwa achtzig Kilometer von Cadaqués entfernt. Hier kaufte der Künstler ein verfallenes mittelalterliches Schloß und ließ es als Residenz für seine vergötterte (und von chauvinistischen

Biographen um so leidenschaftlicher gehaßte) Frau Gala herrichten, als das Paar sich im fortgeschrittenen Alter doch ein wenig auseinandergelebt hatte.

In Figueres schließlich, anmutige Hauptstadt des Alt Empordà und Dalís Geburtsort, steht das berühmte Museum – beziehungsweise *Teatre-Museu Dalí* oder auch »größte surrealistische Objekt der Welt«, erbaut über den Trümmern des im Bürgerkrieg zerstörten Stadttheaters. Mit diesem gewaltigen Gesamtkunstwerk aus Traum, Witz und Eitelkeit, aus enthemmter Gestaltungswut und kalkulierter Phantasmagorie, das in jedem Detail von Architektur und Einrichtung die »neue, unerwartete und verlockende Welt des Surrealismus« feiert, erreicht die Umwandlung des Empordà in den Dalí-Kosmos ihren Höhepunkt. Und so liegt hier auch der Meister selbst begraben, in einer Krypta in der Mitte des Baus.

Lange Zeit war ein zweiter katalanischer Künstler international mindestens ebenso bekannt wie Dalí, jedenfalls schien in meiner Kindheit in jedem Wohnzimmer der BRD ein Druck von ihm an der Wand zu hängen. Heute ist Joan Miró, glaube ich, außerhalb Spaniens ein bißchen aus der Mode gekommen. Sein Ehrgeiz in Sachen Selbstinszenierung und Glamour war im Vergleich zu Dalí eh verschwindend, auch wenn Breton ihn ehrfürchtig »den Surrealistischsten von uns allen« nannte. Doch vor allem in und um Barcelona sind seine zugleich schlichten und fremdartigen Formen und seine leuchtenden Farben im öffentlichen Raum so präsent, daß sie zu den Wahrzeichen der Stadt zählen – sei es der Joan-Miró-Park mit der über zwanzig Meter hohen Skulptur *Dona i Ocell (Frau und Vogel)*, sei es das große Straßenpflaster-Mosaik auf der Rambla, unweit des Opernhauses Liceu und der Markthalle La Boqueria, oder das bunte Mauerbild, das an der Fassade von Terminal B des Flughafens die gelandeten Gäste willkommen heißt.

Auch Miró hat ein großes Museum hinterlassen, entworfen vom katalanischen Star-Architekten Josep Lluís Sert, mit dem er eng befreundet war. Die *Fundació Miró* auf dem Hügel Montjuïc in Barcelona läßt sich in vieler Hinsicht als Gegenteil von Dalís *Teatre-Museu* sehen. Klarheit als Leitgedanke, helle, offene Räume mit großzügigen Terrassen und Innenhöfen, inspiriert von traditionellen katalanischen und mediterranen Bauweisen. Neben einer herausragenden Sammlung von Miró-Werken aus allen Phasen seiner Karriere enthält die Fundació mit dem *Espai 13* einen Ausstellungsraum eigens für die Präsentation junger, noch nicht etablierter Künstler.

Durch unbeugsame Gutmenschlichkeit besticht Nummer drei in dieser kleinen Galerie von katalanischen Helden der Kultur: Pau Casals. Wäre nicht Dalí, sondern er der berühmteste Katalane der Welt, hätte hier wohl niemand ein Problem damit. Ist er aber nicht, sondern international kennen ihn fast nur die Klassikhörer, und die meisten von ihnen nennen ihn Pablo – einer der vielen Fälle, in denen Francos Hispanisierungspolitik bis heute fortwirkt. Im deutschsprachigen Raum laufen sogar seine Lebenserinnerungen unter »Pablo Casals«, dabei legte er selbst großen Wert auf die katalanische Form seines Vornamens, Pau. Das heißt hier nämlich auch Friede und benennt das Anliegen, das ihm zeit seines Lebens noch wichtiger war als die Musik, die ihn zur Legende werden ließ. 1876 im Penedès geboren, gilt Pau Casals als Erfinder der modernen Cello-Spieltechnik, schon in jungen Jahren tourte er als Virtuose um die Welt, später sammelte er auch als Komponist einigen Ruhm an. Er war ein entschiedener Republikaner und Katalanist, und der Ausgang des Bürgerkriegs zwang ihn ins Exil. Aus Protest dagegen, daß die westlichen Staaten das Franco-Regime anerkannten, verweigerte er fünf Jahre lang alle öffentlichen Auftritte. Den Schwur, Spanien nicht mehr zu betreten, solange die Diktatur andauerte, hielt er bis zu seinem Tod ein. Er ließ sich in der kleinen Stadt

Prada nieder, am Fuß des Canigó im französischen Teil Kataloniens, und gründete ein eigenes Hilfswerk für katalanische und spanische Flüchtlinge. Im Alter siedelte er nach Puerto Rico über. Unvergeßlich bleibt sein Auftritt vor der UN-Vollversammlung im Jahr 1971, als die von ihm komponierte Hymne der Vereinten Nationen uraufgeführt wurde und ihm Generalsekretär U Thant die Friedensmedaille verlieh. Der knapp 95jährige Casals hielt seine Dankesrede auf englisch und katalanisch und verschaffte damit der geächteten Sprache und der katalanischen Sache einen beispiellosen Grad an internationaler Aufmerksamkeit. Katalonien, sagte er, »heute eine Provinz Spaniens«, sei einst »die größte Nation der Welt« gewesen, weil man hier, »lange vor England« das erste Parlament gehabt und sich schon im Mittelalter »für Frieden in der Welt und gegen den Krieg« stark gemacht habe. Mit dem Hinweis, daß die Vögel beim Fliegen nichts anderes als »pau, pau, pau« oder »peace, peace, peace« zwitscherten, leitete er dann über zu einer kleinen Solonummer am Cello, seiner Interpretation des uralten katalanischen Volkslieds *El cant dels ocells (Der Gesang der Vögel)*. Eigentlich ein Weihnachtslied, das schildert, wie gut dreißig Vogelarten die Geburt Christi bejubeln. Doch weil Pau Casals seit 1939, also seit er Spanien verlassen mußte, jedes seiner Konzerte mit diesem Stück begann, wurde es zu einem Symbol für jene Beharrlichkeit der Erinnerung, mit der die katalanische Kultur die finsteren Jahrzehnte überdauerte. Es war dann auch ein Kandidat für die offizielle Hymne Kataloniens, doch die Politik zog ja das actionreichere *Els Segadors* vor.

Nach Pau Casals heißen heute in Katalonien nicht nur Straßen, Plätze und Schulen, sondern auch eine Autobahn. Sie beginnt südwestlich von Barcelona, zieht sich nah an der Küste entlang, am schmucken Bohème-Badeort Sitges vorbei bis kurz vor Casals' Geburtsstadt El Vendrell, und weist sich durch Schilder aus, die den stilisierten Umriß eines cellospielenden Dickerchens zeigen. Die *Autopista Pau Casals* ist berüchtigt für die höchsten Mautgebühren in ganz Katalonien.

Und apropos Pau und Pablo: einen zweiten Fall dieser Namensfrage bietet kein Geringerer als Picasso. Er stammte zwar aus Andalusien, weshalb die Sache eigentlich klar war, doch als er, noch ein Jüngling, im Umfeld des sagenumwobenen Künstlercafés Els Quatre Gats in Barcelona erstes Aufsehen erregte, unterschrieb er viele seiner Bilder katalanisierend mit »Pau Picasso«. Im *Museu Picasso* der katalanischen Hauptstadt mit seiner großen Sammlung von Jugendwerken können Sie sich davon überzeugen.

Und wir bleiben fürs erste in Barcelona, denn es ist an der Zeit, auf den Mann zu sprechen zu kommen, der das Erscheinungsbild der Metropole wie kein zweiter geprägt hat und dessen Name heute mehr Touristen nach Katalonien lockt als jeder andere: Antoni Gaudí. Der Hohepriester des katalanischen *Modernisme*, Erbauer der Sagrada Família, der Casa Batlló, der Casa Milà, des Parc Güell und ein paar Dutzend weiterer Häuser und Paläste, die allesamt aussehen wie versteinerte Fabelwesen; der wunderliche, rauschebärtige Architekt mit stechend blauen Augen, der als Hardcore-Vegetarier zeitlebens an bedenklicher Anämie litt und am Ende auf einer der Hauptverkehrsadern Barcelonas, der Gran Via de les Corts Catalanes, in Höhe der Plaça Tetuan, unter eine Straßenbahn geriet.

Waren seine ersten Bauten noch von einem modischen Orientalismus und von der Rückbesinnung auf das maurische Kulturerbe der Halbinsel geprägt, so fand er bald zu einer völlig eigenen, organisch-bizarren Formensprache, gegen die der zur gleichen Zeit in anderen Gegenden Europas erblühte Jugendstil geradezu nüchtern wirkte. Zum Markenzeichen von Gaudís Architektur wurde neben den Rundungen und Wellenlinien und den schrägen Stützpfeilern vor allem die Mosaiktechnik, mit der er viele Oberflächen überzog. Sie fußt auf der alten arabisch-spanischen Tradition, Wände mit glasierten Keramikfliesen zu schmücken. Gaudí verwendete die *azulejos* (auf katalanisch heißen sie *rajoles*) allerdings nicht als Ganzes, sondern in Scherben und setzte daraus neue, kaleidoskopartige Muster zusammen. Für einige Bauprojekte nahm er im großen Stil die Ausschußware von Porzellanfabriken ab, neben schadhaften Kacheln ließ er auch zerbrochene Teller und Kaffeetassen verarbeiten. Paradebeispiele für seine Scherbentechnik sind die Brunnen und weitläufigen Sitzbankserpentinen im Parc Güell. Mit etwas Glück erwischt man noch einen Moment, in dem sich gerade nicht zehn Busladungen Urlauber auf einmal durch diese Wunderland-Version einer englischen Gartensiedlung wälzen.

Gaudí ist zwar der erstaunlichste, aber bei weitem nicht der einzige Exponent des Modernisme in der katalanischen Architektur. Gefördert von einem reich gewordenen Bürgertum, das Ende des 19. Jahrhunderts eine Schwäche für extravagante Prestigebauten entwickelte, wetteiferte eine ganze Reihe von Erneuerern um unerhörte Entwürfe. Ein Höhepunkt läßt sich an Barcelonas Prachtboulevard Passeig de Gràcia bewundern, oberhalb der Kreuzung mit der Straße Consell de Cent. Hier buhlen in einem einzigen Häuserblock gleich drei modernistische Meisterwerke um die Gunst der Betrachter: neben Gaudís Casa Batlló sind es die Casa Amatller von Josep Puig i Cadafalch und die Casa Lleó Morera von Lluís Domènech i Montaner. Auf spanisch nennt man das Ensemble *Manzana de la discordia,* ein hübsches Wortspiel, denn *manzana* bedeutet sowohl Apfel als auch Häuserblock, so daß der *Häuserblock der Zwietracht* zugleich der *Zankapfel* ist und die drei Gebäude dastehen wie die drei Göttinnen aus der griechischen Sage, unter denen der junge Paris die Schönste auswählen sollte, indem er ihr einen goldenen Apfel reichte. Auf katalanisch funktioniert die Doppeldeutung nicht, denn hier nennt man Häuserblocks nicht Äpfel, sondern Inseln.

Im krassen Widerspruch zum Glamour, der sein Werk

umgibt, steht Gaudís Ende. Es liest sich wie ein mahnendes Gleichnis auf die Folgen der Gesundheitsreform in Deutschland. Als den Architekten im Juni 1926 die Straßenbahn erfaßt hatte und er schwerverletzt auf dem Pflaster lag, erkannte ihn niemand. Und weil er aussah wie ein Obdachloser, schaffte man ihn ins Armenhospital, wo er nur mangelhaft versorgt wurde und nach drei Tagen starb.

Zurzeit prüft die katholische Kirche seine Seligsprechung. Denn der Visionär am Bau war, vor allem in seiner späten Schaffensphase, als er sich ganz in den Mammutplan der Sagrada Família verrannt hatte, auch ein fanatischer Christ.

Nun endlich zu einer Frau. Leider der einzigen in diesem kurzen Who is who (beim Große-Namen-Abklappern fällt ja immer besonders erschreckend auf, wie fern die Gleichberechtigung noch liegt). Dafür vollbrachte die Dame, die ich meine, um so Bedeutenderes. Mercè Rodoreda, Schriftstellerin, hat im 20. Jahrhundert für die katalanische Literatur und die katalanische Sprache mindestens so viel getan wie Miró und Dalí zusammen für die katalanische Kunst. Nachdem sie im Bürgerkrieg als Übersetzerin und Textredakteurin für das Propagandabüro der Generalitat gearbeitet hatte, floh Mercè Rodoreda vor den faschistischen Truppen zunächst nach Frankreich, verbrachte die Jahrzehnte der Diktatur dann aber überwiegend in Genf. Dort schrieb sie den Roman, der sie unsterblich machte: *La Plaça del Diamant*, übersetzt in mehr als zwanzig Sprachen, auch ins Deutsche, bloß daß die bei Suhrkamp erschienene Ausgabe seit einigen Jahren nicht mehr lieferbar ist.

An dieser Stelle möchte ich Sie um etwas bitten. Nämlich ob Sie sich gelegentlich in den Buchhandlungen Ihres Vertrauens oder besser noch beim Verlag selbst erkundigen könnten, wann *Auf der Plaça del Diamant* endlich neu aufgelegt wird. Vielleicht kommen ja so viele Anfragen zusammen, daß man in Frankfurt am Main ein Einsehen hat.

Warum Sie das tun sollten? Weil es wirklich ein wunderbares Buch ist. Eins der Bücher, die ohne Wenn und Aber immer erhältlich sein müßten. Eins der Bücher, die auf jede einsame Insel gehören.

Es erzählt, dem Anschein nach, nur eine kleine Geschichte. Natàlia, genannt Colometa, eine Frau aus dem Viertel Gràcia in Barcelona, wo sich auch die titelgebende *Plaça del Diamant* befindet, schildert in einer Art innerem Monolog ihr Leben als Dienstmädchen, ihre enttäuschende Ehe mit einem besessenen Hobby-Taubenzüchter, den Einbruch des Kriegs in ihren Alltag, die Mühe, ihre Kinder und sich selbst durch die Mangeljahre zu bringen, und ihr spätes, stilles Glück mit ihrem zweiten Mann. Aus Colometas schlichten Worten entfaltet sich eine überwältigende sprachliche Schönheit, aus ihrer engen Welt ein großartiges Panorama der katalanischen Gesellschaft und aus ihrer so naiven wie präzisen Wahrnehmung ein Meisterstück der literarischen Moderne. Doch ehe ich zu sehr ins Schwärmen gerate, überlasse ich das lieber der französischen Zeitschrift Nouvel Observateur: »Der Leser spürt, daß hier eine einfache Frau aus Barcelona das Wort ergriffen hat für alle Hoffnung, alle Freiheit und allen Mut der Welt. Und daß sie eines jener Bücher von universeller Reichweite diktiert hat, wie sie nur die Liebe selbst schreiben kann.«

Vor und nach *La Plaça del Diamant* veröffentlichte Mercè Rodoreda noch viele weitere Romane und Erzählungen, und ihre experimentelle, gespenstische Familiensaga *Mirall trencat (Der zerbrochene Spiegel)* wird in Katalonien ebenso verehrt wie die Geschichte von Colometa. Welches dieser beiden Rodoreda-Bücher aus welchen Gründen das bessere sei, ist unter literaturbegeisterten Katalanen eine ewige Lieblingsdiskussion.

Abrupter Themenwechsel zum Abschluß: kennen Sie Clever & Smart? Die beiden Comic-Geheimagenten, die von ihrem cholerischen Chef Mister L durch eine absurde Mission nach der anderen gejagt werden, dabei verläßlich den größtmöglichen Schaden anrichten und sich nebenher noch entweder gegenseitig bekämpfen oder mit dem durchgeschraubten Erfinder Dr. Bakterius und der liebestollen Sekretärin Fräulein Ophelia herumschlagen? Als ich zehn, elf Jahre alt war, führte in meiner Klasse an Clever & Smart kein Weg vorbei. Jede neue Folge reichten wir begeistert herum, und wer von uns selbst ein bißchen zeichnen konnte, versuchte sich ebensolche Chaos-Comics auszudenken wie der Autor dieser Hefte, von dem wir nur wußten, daß er »F. Ibáñez« hieß. Clever & Smart arbeiteten in London, das war klar, stand ja so im Einband, und von wo sollten Geheimagenten auch sonst sein? Daß dieses London ganz ohne seine üblichen Wahrzeichen auskam, daß dort fast immer die Sonne schien und daß ein Großteil der Bewohner Vespa fuhr oder Baskenmützen trug, fiel uns nicht weiter auf.

Viele Jahre später entdeckte ich Clever & Smart ein zweites Mal. Nun lernte ich, daß sie eigentlich *Mortadelo y Filemón* heißen und daß sie zwar nicht unbedingt Katalanen, aber zweifellos Spanier sind – größter Exportschlager einer seit bald hundert Jahren florierenden Comicszene, der bedeutendsten in Europa nach Frankreich und Belgien. Der Erfinder von Mortadelo und Filemón, Francisco Ibáñez Talavera, kam 1936 in Barcelona zur Welt. In den Originalheften finden sich neben den ständigen spanischen Bezügen immer wieder speziell katalanische Anspielungen, seien es Auftritte von Präsident Jordi Pujol oder sei es das »Krokodil aus dem Llobregat«, ein Monster, das sich in den chemieverseuchten Gewässern des Flusses gebildet hat, der Barcelona im Westen begrenzt.

Fast ebenso populär wie Mortadelo y Filemón ist in Spanien ein Held namens Superlópez. Bei dessen Abenteuern geht es noch deutlich katalanischer zu als bei den zwei Agenten. Er begann seine Karriere 1973 als eher harmlose Superman-Parodie, doch als sein Zeichner, der sich JAN nennt, dazu überging, auch die Texte selbst zu schreiben, entwickelte

Superlópez immer mehr eigene Persönlichkeit. Im bürgerlichen Leben ist er ein schmächtiger Büromensch namens Juan López, mit Schnauzbart und fliehendem Kinn, und wohnt je nach Folge in Barcelona oder im nahen Küstenort Masnou. Zwischen den Mühen, seine Doppelidentität geheim-, seine aufbrausende Freundin Luisa bei Laune und sich den Ärger der Bevölkerung, die ihn als Superhelden unfähig findet, vom Leib zu halten, rettet er manchmal die Welt oder zumindest die Stadt.

Anders als bei Clever & Smart ist die Handlung der Superlópez-Hefte nicht bloß ein loser Rahmen fürs Gag-Dauerfeuer, sondern entspinnt sich zu sorgfältig gebauten Geschichten, mal in Richtung Science-fiction oder Fantasy, mal parabelhaft-sozialkritisch, mal als Hommage an den Film noir – und fast immer beflügelt von erhabener surrealistischer Komik. Nebenbei entwirft die Reihe ein sich fortschreibendes satirisches Barcelona-Portrait. Es macht großen Spaß, anhand der übermütigen Bildhintergründe Band für Band die Entwicklung der Metropole zu verfolgen, von der morbiden Ästhetik des Verfalls kurz nach dem Ende der Diktatur über die vom täglichen Verkehrsinfarkt begleitete Aufbruchstimmung in den Jahren um die Olympischen Spiele bis zu den geschniegelten Fassaden der jetzigen Designer-Weltstadt.

Zwischen 1980 und 1986 gab es auch Superlópez auf deutsch, er hieß Super-Meier und wurde mit den zeitgeistigen Slogans »Irre Gags und reiner Wahnsinn« und »Die heiße COMIC-Satire aus der Clever & Smart-Redaktion« angepriesen. Und ebenso wie die beiden Agenten bekam er in der Übersetzung ein neues Umfeld verpaßt – das liebevoll veralberte Barcelona sollte nun New York sein, wonach es beim besten Willen nicht aussah. Heute erinnern sich an Super-Meier nur noch gewissenhafte Heftchen-Archivare. Aber es wäre mal eine Untersuchung wert, warum die Verlage glauben, daß man einem deutschsprachigen Publikum Spanien als Handlungsort für komische Bildergeschichten nicht zumuten könne. Etwa deshalb, weil anarchischer Witz mit den heiligen Urlaubsklischees unvereinbar ist? Da wünschte man doch, die katalanischen Comichelden würden sich zu einer konzertierten Strandheimsuchung zusammenfinden und damit ein für allemal klarstellen, wo die irren Gags gebacken werden.

Esel, Katze, Schnecke

Seit ein paar Jahren hat Katalonien ein Symboltier. Es klebt an bestimmt der Hälfte aller katalanischen Autohecks und Vespa-Verkleidungen, es ziert Tassen, Schlüsselanhänger und Badetücher. Zu verdanken ist es ein paar jungen Leuten aus der Stadt Banyoles, unweit von Girona, die sich über ein weltberühmtes spanisches Markenzeichen lustig machen wollten: den schwarzen Stier. Dessen Geschichte kennen Sie vielleicht schon, sie begann mit einer Werbeaktion des Spirituosen-Giganten Osborne. Um ihren *Brandy Veterano* anzupreisen, stellte die Firma seit den fünfziger Jahren meterhohe Stiersilhouetten an spanischen Landstraßen auf. Schon bald wurden diese Werbetafeln nicht mehr bloß mit Weinbrand identifiziert, sondern mit dem ganzen Land. Das *New York Times Magazine* wählte den Osborne-Stier 1972 zum »Sinnbild Spaniens«, und diese Bedeutung hat er bis heute behalten. Oft findet man ihn sogar auf der spanischen Flagge, vor allem bei Fußball-Länderspielen. Dementsprechend mußten die Riesenbullen auch nicht weichen, als ein neues Gesetz die Werbung an Landstraßen verbot. Sie waren Kulturgut geworden.

Rund neunzig Stück finden sich noch über die Halbinsel verteilt.

In Katalonien steht allerdings nur ein einziger, bei dem Örtchen El Bruc am Fuß des Montserrat. Immer wieder ist er zum Opfer von Anschlägen geworden, man bemalte ihn mit weißen Flecken, so daß er wie eine Milchkuh aussah, oder man sägte ihm die Beine durch. Bisher hat Osborne ihn noch jedesmal erneuert. Für katalanische Nationalisten verkörpert dieser Stier nicht Stolz, Kraft und Ruhe, sondern spanischen Chauvinismus, Dumpfheit und Brutalität. Ganz aus der Luft gegriffen ist diese Einschätzung nicht, denn gerne schmücken sich auch ultrarechte Gruppen in Spanien mit der gehörnten Silhouette.

Der katalanische Gegenentwurf, der sich seit dem Frühjahr 2004 von Banyoles aus massenhaft verbreitet hat, ist ein Esel. Schwarz mit weißer Schnauze und weiß umrandeten Augen; gedrungener Körper auf hohen Beinen, sehr lange, aufgestellte Ohren. So wie der Stier ist er in Seitenansicht dargestellt und wendet Betrachterin und Betrachter den Kopf zu.

Tatsächlich handelt es sich hier um einen speziell katalanischen Esel, der seit der Antike in den Vorpyrenäen gezüchtet wird und als größter und robustester Vertreter seiner Art gilt. Über Jahrhunderte war er international begehrt, vor allem für die Maultierzucht. Auch der Stammbaum des Amerikanischen Esels, auf den man in US-Staaten wie Kentucky und Tennessee vor der Maschinisierung der Landwirtschaft große Stücke hielt, geht auf die katalanische Rasse zurück. Wie wichtig das Tier in Katalonien selbst lange Zeit war, zeigt sich schon daran, daß es hier fünf verschiedene Wörter für Esel gibt: *ruc*, *burro*, *ase*, *guarà* und *eguasser*. Die ersten drei sind auch als Schimpfwörter gebräuchlich.

Womit wir bei der Frage wären, ob man sich mit einem Esel als Symboltier nicht in erster Linie selbst lächerlich macht. Ich habe ein paar katalanische Bekannte, die dieser Ansicht sind. Sie finden allerdings, daß für den Stier das gleiche gilt. Den, sagt man hier, pappen spanische Frauen ihrem Mann aufs Auto, wenn sie ihm Hörner aufgesetzt haben.

Anfangs war der Aufkleber mit dem *ruc català* auch eher als Witz gemeint. Zugleich besticht er aber durch ein charmantes Design: im Gegensatz zum Stier wirkt dieser Esel weder imponierend noch viril, dafür eigenwillig, aufgeweckt und durchaus niedlich. Ein Grund für seinen Erfolg liegt darin, daß er sich als Verschmelzung von Patriotismus und Selbstironie verkaufen läßt. Und groß ist dieser Erfolg ohne Frage. Man trifft den Esel heute überall in den Països Catalans an, gehäuft zum Beispiel im französischen Teil. Eine Version, über deren Leib sich die gelben und roten Streifen der Senyera ziehen, ist besonders beliebt. Ab und zu erblickt man aber auch ein Fahrzeug, dessen Besitzer in Esel und Stier kein Entweder-Oder sieht, sondern beide nebeneinander geklebt hat.

Dem Esel selbst sichert seine neue Rolle als Nationalmaskottchen vermutlich das Überleben. Fast wäre er schon in den siebziger Jahren ausgestorben, hätte nicht ein wohlhabender Tierfreund namens Joan Gassó, alarmiert von der Beobachtung, daß der »ruc de tota la vida« aus den katalanischen Dörfern so gut wie verschwunden war, einen Großteil der noch übrigen Exemplare aufgekauft und mit ihnen eine neue Zucht begründet. Heute ist Gassós Eselsfarm bei Berga im Pyrenäenvorland Ziel von Klassenfahrten und Familienausflügen. Sie bietet Diavorträge an, eine Ausstellung alter Landwerkzeuge, einen Besuch im Befruchtungslabor sowie den Anblick von hundert glücklichen Originaleseln, die vor großartiger Bergkulisse auf der Weide stehen.

Die Kampagne *Planta't el burro (Kleb dir den Esel auf)* war nicht der erste Versuch, dem Osborne-Stier ein katalanisches Tier entgegenzusetzen. Schon einige Jahre länger gibt es eine Katze, genannt *catigat*. Auch sie ist als Sticker und T-Shirt-Motiv nach wie vor recht verbreitet, hat aber den Popularitätswettstreit gegen den Esel klar verloren. Wohl weil sie zu abstrakt bleibt, zu studentisch. Ihr Bezug zu Katalonien läßt sich nur auf dem Umweg übers Englische erkennen, denn *cat* ist zwar die katalanische Internet-Endung und das eigene Länderkennzeichen, das sich hier viele wünschen, Katze aber heißt auf katalanisch *gat*. Gegen ein süß gezeichnetes einheimisches Huftier konnte so ein Konstrukt keine echte Chance haben. Dennoch wehrten sich Verfechter der Katze in Leserbriefen und Internetforen monatelang erbittert gegen den Esel und behaupteten, er sei von hinterhältigen spanischen Zentralisten lanciert worden, damit die Katalanen sich zum Gespött machten.

Solche Unterstellungen sind von den Anhängern einer dritten Kandidatin für die Symboltierrolle nicht zu erwarten. Sie kommen aus der Provinz Lleida, und ihr Vorschlag ist eine Schnecke. Als Wahrzeichen eines Landes, das sich als Vorreiter und »Wirtschaftsmotor« vom spanischen Staat abgrenzen will, kommt sie nicht wirklich in Frage. In Lleida ist sie aber als Delikatesse berühmt, und der *Aplec del Caragol*, das Schnekkenfest, zählt dort zu den Höhepunkten des Jahres – was unter anderem bedeutet, daß binnen dreier Tage im Mai zwölf Tonnen Schnecken verzehrt werden.

Die Schnecke führt das Thema Symboltier aus einem nationalen in einen lokalen Rahmen zurück. Wer sie sich aufklebt, will damit nicht verkünden, daß er aus Katalonien kommt, sondern welchem Teil Kataloniens er sich zugehörig fühlt. Die Kofferraumkreatur wird zum Ersatz für das frühere Nummernschild. Seit 2001 sind die Autokennzeichen in Spanien fortlaufend numeriert, lassen also nicht mehr erkennen, in welcher Provinz der Fahrzeughalter lebt. Die Schnecke schafft Abhilfe, sie ist die kulinarisch-dekorative Nachfolgerin des sachlichen alten L für Lleida.

Roser

Vor ein paar Jahren ist Roser Vernet aufs Land zurückgekehrt. Sie baute das Haus ihrer Großeltern im Dorf el Molar im Priorat zu einer sehr freundlichen Pension aus, und wenn sie sich mit ihren Gästen gut versteht, sitzt man nach dem Abendessen noch lange zusammen auf der Terrasse, redet oder blickt in die Sterne und lauscht dem Zirpen der südlichen Nacht, bei einer Flasche von einem der Winzer aus der Nachbarschaft.

Im ehemaligen Vorratskeller des Hauses hat Roser zu Ehren ihres früh verstorbenen Lebensgefährten, des Schriftstellers Joaquim Soler, ein kleines Kulturzentrum eingerichtet. Das Centre Quim Soler ist der Erforschung einer »zugleich engen, großartigen und verhängnisvollen Beziehung« gewidmet, nämlich der zwischen Literatur und Wein.

»Schwer zu sagen, welche Gegend von Katalonien mir am besten gefällt. Natürlich könnte ich das Priorat nennen. Obwohl, so natürlich ist das gar nicht, manche Leute mögen das Priorat nicht, obwohl sie von hier sind. Es gibt da durchaus

Probleme mit dem Selbstwertgefühl. Grundsätzlich mag ich an Katalonien die Vielfalt – an Landschaften auf relativ kleiner Fläche, an Klimazonen, an Lebensarten. Was ich noch besonders liebe, ist das Licht der Terra Alta, westlich des Ebro. Dieses Licht ist einzigartig.

Natürlich gibt es auch Dinge, die mich hier ärgern: am meisten die übertriebene Bereitschaft, sich mit den herrschenden Verhältnissen zu arrangieren. Der merkantile Geist, der Geschäftssinn eines Volks wie des katalanischen, das immer Durchgangsstation war, immer im Austausch mit anderen lebte, hat ja viel Gutes, weil er Offenheit bedeutet. Aber die Kehrseite ist, daß wir uns zu eilfertig anpassen.

Welche offizielle Formel man für den Status Kataloniens findet, ist mir gleich. Früher war ich militante *independentista*, und ich könnte mich immer noch so nennen, aber ich finde mittlerweile, daß solche Aussagen nicht viel bringen. Für Katalonien ist jedes Existenzmodell gut, solange es dieses Land ausreichend respektiert. Oft scheint mir, daß die Welt, in der wir leben, und ich meine nicht nur das kleine Fleckchen hier, sondern die Welt als ganze, immer gleichförmiger wird und damit immer ärmer. Man bräuchte überall neue Formeln, um die bedrohte Vielfalt anzuerkennen, sie zu schützen und zu fördern. Ich wüßte jetzt nicht zu sagen, wie diese Formeln genau auszusehen hätten, man muß sich eben was einfallen lassen. Leider gelingt es den ökonomischen und politischen Mächten heute zu verhindern, daß alternative Modelle sich überhaupt entwickeln können. Was ich mir vorstelle, ist also utopisch. Aber ich finde auch, man braucht Utopien, ohne Utopien kommt man nicht weiter.

Ich würde nicht sagen, daß ich Spanierin bin. Wenn jemand mich dafür hält, kriege ich keinen Wutanfall, doch wenn man mich fragt, sage ich, ich bin Katalanin. Auch im Ausland. Wenn jemand sich dann wundert, erkläre ich es ihm.

Ich glaube, Katalonien macht nach außen einen ziemlich widersprüchlichen Eindruck. Zur Debatte um das neue Autonomiestatut habe ich mir Zeitungsartikel aus anderen europäischen Ländern angesehen, und einiges davon war so verkürzt und klischeehaft, daß es zum Himmel schreit. Es kommt mir sowieso vor, als würden die Informationen und Meinungen in den Medien immer schematischer, immer flacher und ungenauer. Katalonien vermittelt nach außen einerseits wohl ein Bild als zivilisiertes, modernes Land, als europäischster Teil des spanischen Staates. Aber das ist in erster Linie Fassade, heute läuft ja fast alles nur über Fassaden. Zum anderen hängt Katalonien das Image des reichen Landes an, das seine Privilegien nicht mit den weniger begünstigten Nachbarn teilen will. Das hat zwar wenig mit den sozioökonomischen Realitäten zu tun, ist aber trotzdem ein verbreitetes Bild. Nicht daß es mich besonders kümmern würde. Aber hier im Süden kann man das Gerede vom Reichtum schon bitter finden. Das Priorat erlebt gerade einen guten Moment, man sieht eine Zukunft, und nun kommt es darauf an, was man aus dieser fragilen Chance macht. Bloß, jahrhundertelang mußten die Leute in der Comarca um ihr Überleben kämpfen. Dafür, daß sie trotzdem geblieben sind, bewundere ich sie, all die Namenlosen, zum Beispiel die, die in den Dörfern die Genossenschaften gegründet haben. Wenn heute ein Teil von Katalonien reich ist, dann jedenfalls nicht der Süden. Der Süden ist immer noch so gut wie unbekannt, auch bei den Katalanen selbst. Der Süden interessiert nur als Energielieferant. Wenn wir etwas bekommen, sind es Kernkraftwerke – zwei Stück gibt es in Katalonien, und wo haben sie gleich beide hingestellt? – oder Windräder. Wir erzeugen hier unten 72 % des katalanischen Stroms, und wir verbrauchen 12 %.

Trotz allem bin ich Optimistin. Ich glaube, wir haben jetzt die Möglichkeit, für unsere Gegend ein Entwicklungsmodell zu schaffen, das den Leuten eine neue Würde gibt, ohne daß dabei die Lebensart und der gute Umgang miteinander verlorengehen. Innerhalb weniger Jahre haben die Menschen hier schon so viel in Bewegung gesetzt.«

Null oder 150

Ein feierlicher Moment im Brechtbau, dem Sitz der neusprachlichen Fächer an der Universität Tübingen. In einem der großen Hörsäle wird der 20. Deutsche Katalanistentag eröffnet. Zwischen den diversen Begrüßungsreden gibt der Chor *Romania Cantat* ein Potpourri aus Liedern in katalanischer und okzitanischer Sprache zum besten. Seine letzte Nummer: *Els Segadors*, die katalanische Hymne. Ich frage mich, wie oft es heutzutage vorkommen mag, daß im Hörsaal einer deutschen Universität eine Nationalhymne gesungen wird, doch ich frage es mich nur kurz, denn nun geschieht etwas, das mich sehr verblüfft. Der Chor singt nicht mehr alleine, sondern die versammelten Tagungsteilnehmer stimmen ein. »Bon cop de falç, defensors de la terra, bon cop de falç!« – »Guten Sichelschlag, Verteidiger des Landes!«, und das aus den Kehlen von ein paar Dutzend, vielleicht auch über hundert kritischen Akademikern. Daß einige sich beim Singen die Hand aufs Herz legen, bilde ich mir vielleicht nur ein.

Das Wort Katalanist hat auf deutsch zwei Bedeutungen, es heißt sowohl *katalanischer Nationalist* als auch – und das ist die ältere Definition – *Wissenschaftler, der sich mit katalanischer Sprache oder Literatur beschäftigt.* In der Praxis verbindet sich beides oft. Jedesmal, wenn bei den Vorträgen im weiteren Verlauf der Tübinger Tagung die Sprache auf den spanischen Staat und sein Verhalten gegenüber Autonomiebestrebungen kommt, erhebt sich sofort ein allseitiges »Hohohohoho«, halb entrüstet, halb abgeklärt. Mit der larmoyanten These eines eingeladenen Schriftstellers, katalanische Literatur bleibe auf dem internationalen Markt unrettbar benachteiligt, solange Katalonien eine Nation ohne Staat sei, scheinen dagegen alle einverstanden.

Es wäre unfair, den Katalanistentag auf solche Rituale der Selbstbestätigung zu reduzieren. Aber wenn man sich dem Kongreß mit der bescheidenen Gebrauchsanweisungs-Frage *Was fällt auf?* nähert, springen sie eben hervor.

Die deutsche Katalanistik ist bis heute fest im politischen Engagement der 1960er und 70er Jahre verwurzelt. Ein paar junge Schwärmer aus den romanischen Fakultäten entdeckten damals, neben der verbreiteten Begeisterung für die Freiheitskämpfe in Südamerika, Katalonien als spezielles Lieblingsthema. Kein entrechtetes Indiovolk, aber doch eine unterdrückte Kultur, verzweifelt bemüht, gegen ein faschistisches Regime ihre Identität zu behaupten. Das Ganze auch noch in Westeuropa, scheinheilig hingenommen von den Musterdemokratien in der Nachbarschaft.

Wer sich für Katalonien zu interessieren begann, fand rasch kompetente Ansprechpartner, denn eine Reihe katalanischer Gelehrter hatte an Universitäten in der BRD Asyl gefunden. So bildete sich die deutsche Katalanistik als enthusiastisch betriebenes Nischenfach heraus, in dem man alles, was man forschte oder lehrte, zugleich als Akt der Solidarität mit der drangsalierten Bevölkerung der katalanischen Länder sehen konnte. Und man hatte die Möglichkeit, ein Bedürfnis nach patriotischen Gefühlen auszuleben, das man sich in bezug aufs eigene Land aus guten Gründen versagte. Flaggen, Legenden, pathetische Lieder, all das war unverfänglich, wenn es aus Katalonien kam, schließlich handelte es sich dort nicht um Symbole der Herrschaft, sondern des Widerstands. Dieser Logik folgend wurden nicht wenige deutsche Wissenschaftler zu katalanischen Nationalisten, und zwar – getreu dem Klischee von der Gründlichkeit – zu 150prozentigen. Manche halten auch im vierten Jahrzehnt nach dem Ende der Diktatur unbeirrbar am Katalonienbild ihrer Jugend fest und gestatten sich nicht den leisesten Zweifel am offiziell gewordenen Selbst- und Geschichtsverständnis des politischen Katalanismus.

Deutschland ist heute das Land mit den meisten Katalanisch-Lektoraten der Welt, rund 25 an der Zahl. Noch, muß man wohl hinzufügen, denn einige sind akut bedroht durch die grassierenden Mittelkürzungen oder den Rückbau der Fachbereiche zu »Exzellenzclustern«. Dabei hat die deutsche Katalanistik bei weitem nicht nur schrullige Überidentifikation mit ihren Untersuchungsgegenständen hervorgebracht, sondern auch wegweisende Forschung. Zum Beispiel die Arbeiten der großen Linguistin und Sprachphilosophin Brigitte Schlieben-Lange, die für mich, wie für unzählige andere, akademisches Idol und menschliches Vorbild zugleich war. Ihre Seminare zur katalanischen Soziolinguistik, Lehrbeispiele für eine ebenso anspruchsvolle wie lebensnahe Wissenschaft und für unbestechliche Ideologiekritik, habe ich als Höhepunkte meiner Unizeit in Erinnerung. Sollte ich mir in meinem eigenen Blick auf Katalonien wenigstens einen Bruchteil der warmherzigen Klarheit bewahrt haben, die Brigitte Schlieben-Lange vorlebte, wäre ich froh.

Ein weiterer Leuchtturm der Katalanistik in Deutschland ist Tilbert Stegmann, Gründer der Biblioteca Catalana in Frankfurt am Main, der größten Sammlung katalanischsprachiger Bücher außerhalb Spaniens. Er hat aus seinem glühenden katalanischen Patriotismus nie einen Hehl gemacht und ist in Katalonien für seine Verdienste als Kulturvermittler vielfach ausgezeichnet worden. Doch auch Stegmann steht für den Ansatz, aus dem kleinen Fach heraus übergreifende Modelle zu entwickeln – etwa als Mitinitiator von EuroComRom, einem Unterrichtsprogramm, mit dem man alle romanischen Sprachen gleichzeitig lernen kann.

Wenn Sie sich wie ich über die Hymne im Tübinger Hörsaal oder andere Verschrobenheiten wundern, sollten Sie bedenken, daß die 150prozentigen Katalanisten in Deutschland eine winzige Minderheit bilden, außerhalb ihrer Uniinstitute kaum wahrzunehmen. Was man draußen ab und zu sieht, sind Aufkleber mit den vier roten Streifen am Heck von Autos mit deutschen Kennzeichen. Im Herbst 2006 erblickte ich die ersten katalanischen Esel auf deutschen Kofferraumklappen. Aber auch solche Zeichen, daß jemand um die Eigenständigkeit Kataloniens weiß und mit katalanischen Anliegen sympathisiert oder zumindest die Senyera schick oder den *burro* süß findet, fallen wenig ins Gewicht gegenüber dem verbreiteten Unverständnis für den ›Fall Katalonien‹.

Flughafen Barcelona, vor nicht langer Zeit. Zwei Münchnerinnen warten braungebrannt und von reichlich Boutiquentüten umstellt auf ihren Rückflug. Die eine überlegt, wie irgend etwas doch gleich »auf spanisch« heißt. Die andere, lachend: »Welches Spanisch meinst du jetzt?« – »Das menschliche.«

Mögen mich die Heimatrituale auf dem Katalanistentag ein wenig verstören, über solche Szenen ärgere ich mich weit mehr. Und sie sind keine Ausnahme. Immer noch reagieren Deutsche erschreckend oft belästigt, sobald das, was sie für Spanien halten, es sich erlaubt, kulturelle Vielfalt zu zeigen. Diese Abwehrhaltung findet sich nicht nur bei schnöseligen Shopping- oder trägen Pauschaltouristen, sie kommt, in mehr oder weniger verbrämter Form, sogar unter Leitartiklern vor.

Als die Katalanen im Sommer 2006 ihr neues Autonomiestatut angenommen hatten, schlug ein Kommentator in der *Frankfurter Allgemeinen Zeitung* Alarm: Spaniens Ministerpräsident Zapatero habe, indem er derartige Abstimmungen überhaupt zulasse, »eine Pandorabüchse geöffnet« und der »inneren Destabilisierung dieses EU-Partners« Vorschub geleistet. Denn die Nationalisten in Katalonien seien »keine weltoffenen, urbanen Gestalten«, sondern stünden für »Stammesfilz und die geschickt auch mit der Lokalsprache als Machtinstrument eingesetzte Vetternwirtschaft«.

Beim letzten Halbsatz war die Erregung offenbar so groß, daß die Semantik leicht aus dem Ruder lief, aber ungefähr versteht man ja noch, was der Autor uns sagen will. Mit der katalanischen oder spanischen Wirklichkeit hat es wenig zu tun, zumal ein Vergleich des aus der Pandorabüchse gesprungenen Statuts mit einer beliebigen deutschen Landesverfassung offenbaren würde, daß die »Destabilisierung«, die man hier beschlossen hat, klar hinter den Freiräumen des bundesrepublikanischen Föderalismus zurückbleibt (auch abgesehen davon, daß die Katalanen bis heute nur davon träumen können, ihr Land etwa *Freistaat* zu nennen). Warum Begriffe wie »Stammesfilz« und »Lokalsprache« in bezug auf Katalonien unangebracht sind, muß ich an dieser Stelle des Buchs wohl nicht mehr erklären. Der Mahner erspart es sich natürlich, sie an Beispielen festzumachen. Was er unter »weltoffenen, urbanen Gestalten« versteht, bleibt ebenfalls im dunkeln.

Sichtbar wird bloß das Ressentiment. Katalonien ist aufmüpfig und unvertraut, also bestens geeignet als Ventil für einen dumpfen Groll über die Kompliziertheit der Welt. Im besagten Kommentar koppelt sich der Warnruf vor entfesselten katalanischen Fanatikern an schwere Vorwürfe gegen den spanischen Regierungschef Zapatero, der durch »Pakte mit den grünen Kommunisten und den mehr oder minder radikalen nationalistischen Regenbogenparteien« das ganze Durcheinander erst heraufbeschworen habe. Da erinnert nicht allein die Wortwahl an früher. Auch die Schlüsse kommen dem alten Franco-Argument, Demokratie sei nichts für Spanien, recht nah.

Selten überschreitet die Katalonien- und Spanien-Berichterstattung in der deutschen Presse so stürmisch die Grenzen zu Verleumdung und Rassismus. Doch eine irrationale Gereiztheit gegenüber katalanischen Themen flackert in erstaunlich vielen Artikeln auf. Ich werde im nächsten Kapitel kurz darauf zurückkommen, hier fürs erste ein typischer ›indirekter‹ Fall: die Diskussion um die Amtssprachen der EU. Sie wissen schon, die Debatte, die sich an der Frage aufhängt, ob man wirklich jedes Schriftstück und jede Sitzung für teures Geld ins Irische und ins Maltesische übertragen muß, deren wenige hunderttausend Sprecher alle auch perfekt Englisch können. Nimmt eine deutsche Zeitung dazu Stellung, so stößt man fast unweigerlich auf eine Abwandlung des Satzes »Demnächst soll dann wohl alles noch ins Katalanische übersetzt werden«. Katalanisch erscheint als Inbegriff einer eurokratischen Zumutung, als Sprache, an der die Leute nur festhalten, weil sie eine Macke haben. Daß diese Macke nicht nur von mehr Menschen geteilt wird als Maltesisch und Irisch, sondern auch als Dänisch, Finnisch oder Slowenisch, alle ebenfalls EU-Amtssprachen, interessiert dabei nicht. Die deutsche Presse zu Katalonien liest sich oft, als wären die Autoren gekränkt, weil ein Interviewpartner in Barcelona sie neulich nicht für ihr gutwilliges *Buenas tardes* gelobt hat.

Es ist seltsam, aber im Umgang der deutschen Öffentlichkeit mit Katalonien gibt es zwischen null und 150, zwischen hysterischer Ablehnung und Überschwang so gut wie nichts. Wer sich in das Land verliebt, kommt selten ohne rückhaltloses Bekenntnis zum katalanischen Nationalismus aus, und wer katalanische Eigenmächtigkeiten skeptisch sieht, muß sie gleich zur Gefahr für die Stabilität Europas aufblähen. Man kann nur hoffen, daß dieses starre Entweder-Oder bald überwunden ist. Daß zum Beispiel die Frankfurter Buchmesse 2007, bei der die katalanische Kultur im Mittelpunkt steht, eine unverkrampfte Neugier auf den Ehrengast weckt und ein bleibendes kritisches, doch vorurteilsfreies Interesse an Katalonien hinterläßt.

Ob ich mir wünschen soll, daß dann noch mehr deutsche Touristen nach Katalonien strömen, weiß ich nicht. Schön wäre es jedenfalls, wenn von denen, die kommen, möglichst viele sich damit anfreunden könnten, daß ihr Ferienziel nicht bloß ein Teil von Spanien ist, und wenn sie sich auch über ein *Huch, hier sind ja fast alle gegen Stierkampf* hinaus für die Besonderheiten Kataloniens öffnen würden.

Aber genug der feierlichen Selbstverständlichkeiten, hier noch meine zwei Lieblings-Touristenanekdoten zu Katalonien.

Die eine habe ich selbst erlebt. Ich war zum erstenmal in Girona, wir standen auf einer der Brücken über den Fluß Onyar und bewunderten ein Wahrzeichen der Stadt – die prachtvollen bunten Fassaden der alten Häuserzeilen, die sich über die Uferschutzmauer neigen. Hinter uns schlurfte eine Jugendreisegruppe vorbei, und wir hörten einen der Sechzehnjährigen im beiläufigen schwäbischen Brustton sagen: »Hier zum wohne isch auch Kacke.« Der junge Unbekannte, wohl auf einem Tagesausflug mit seinem Ferienlager aus Lloret de Mar, hat uns damit eins der goldenen Worte geschenkt, die ihren festen Platz im Privatwitzvorrat finden, die man, solange man sie nicht überdosiert, zu hundert Anlässen hervorholen kann und die dann jedesmal auch den Moment ihrer Entstehung wieder aufblitzen lassen. Ich habe die *Cases de l'Onyar* damals sehr malerisch gefunden, aber unvergeßlich ist mir ihr Anblick durch diesen Spruch geworden.

Die zweite Anekdote ist schon älter und geht in die andere Richtung. Der jüdische Händler Ibrahim ibn Jakub aus Tortosa, der heutigen Hauptstadt der Comarca Baix Ebre, bereiste im 10. Jahrhundert im Auftrag des Kalifen von Córdoba Mitteleuropa. Nachdem er sich in Mainz, Magdeburg und anderen heute deutschen Städten umgesehen hatte, schrieb er: »Franken ist ein großes Land und weites Königreich in den Christenlanden. Seine Kälte ist ganz fürchterlich und seine Luft dick wegen der übergroßen Kälte.«

Vielleicht hängt es ja mit der dicken Luft zusammen, daß so viele Deutsche beim Thema Katalonien so heftig reagieren.

Die Seifenoper Frankfurt

Der Herbst 2004 war ein Wechselbad für das katalanische Selbstbewußtsein, jedenfalls für das kulturpolitische. Man mußte sich eingestehen, daß das mit monströsem Bau- und PR-Aufwand auf den Weg gebrachte Weltkulturforum in Barcelona, von dem man erwartet hatte, es würde die Olympischen Spiele von 1992 an Außenwirkung locker übertreffen, ein Schlag ins Wasser war. Greenpeace, amnesty international und andere unabhängige Organisationen, mit denen das Forum sich schmücken wollte, hatten auf den unter anderem von Nestlé und Coca-Cola gesponserten Megabasar für Frieden und Nachhaltigkeit bestenfalls mit Spott reagiert, und von den vorhergesagten 25 Millionen Besuchern war nur ein Achtel erschienen. Aber noch während die Katerstimmung um sich griff, verdichteten sich die Anzeichen, daß Katalonien ein weiterer Coup in Sachen internationaler Aufmerksamkeit gelingen könnte – diesmal mit viel geringerem Risiko, sich zu verkalkulieren.

Im Frühjahr 2005 wurde es dann offiziell: Die katalanische Kultur sollte Schwerpunktthema der Frankfurter Buchmesse

2007 sein. Erstmals in der Geschichte der größten Bücherschau der Welt war die Wahl auf ein Gastland gefallen, das ›weniger‹ ist als ein Staat. Zuvor hatte die Einladung immer mindestens eine souveräne Nation umfaßt, manchmal auch viele, wie bei den Schwerpunkten Lateinamerika oder arabische Literatur.

Nun also Katalonien. Beziehungsweise eben nicht Katalonien, sondern die katalanische Kultur. Mit dieser Sprachregelung schienen die Gastgeber alle Fallstricke zu vermeiden. Weder verstimmte man die Regierung in Madrid oder konservative Kreise in Spanien, noch konnten Valencia oder die Balearen sich ausgeschlossen fühlen. Entsprechend begeistert waren die ersten Reaktionen auf die Nachricht. In Katalonien jubelten Buchbranche und Kulturfunktionäre im Chor, in Madrid sicherte die Regierung Zapatero ihre großzügige Unterstützung für die Frankfurtreise zu. Und mit der Begründung, die Messedirektor Volker Neumann für die Auswahl gab – man wolle »eine der lebendigsten Kulturregionen Europas« vorstellen – waren auch alle sehr zufrieden.

Doch die Freude blieb nur ein paar Wochen ungetrübt. Dann begann ein Theater, von dem man, glaube ich, viel über Katalonien lernen kann, zumindest über die katalanische Öffentlichkeit – und über typische Mißverständnisse zwischen Katalanen und Deutschen.

Anfang April 2005 verlangte der nationalistisch geprägte Schriftstellerverband *Associació d'Escriptors en Llengua Catalana*, die katalanische Kultur dürfe in Frankfurt ausschließlich von Autoren vertreten werden, die auf katalanisch schreiben. Die Forderung kam nicht überraschend. Zum einen findet die Diskussion, ob katalanische Literatur in katalanischer Sprache verfaßt sein muß, hier eh kein Ende, zum anderen fühlten sich die Nationalisten ausgerechnet durch die Konfliktvermeidungsformel »katalanische Kultur« in ihrer Auslegung bestärkt. Und obendrein hatten die auf katalanisch schreibenden Autoren gerade ein kleines Trauma hinter sich. Bei einer anderen internationalen Buchmesse, der Feria del Libro de Guadalajara in Mexiko, war ebenfalls Katalonien das Hauptthema gewesen, und dort hatte es sich zweisprachig präsentiert. Die Verlage bilanzierten einen sehr erfolgreichen Auftritt und betonten, Guadalajara habe den Ausschlag gegeben für die Einladung nach Frankfurt. Doch viele katalanischsprachige Autoren kehrten mit dem bitteren Gefühl aus Mexiko zurück, die auf kastilisch schreibenden Kollegen hätten ihnen die Show gestohlen.

Wie es dazu kam, wurde allerdings kaum ergründet. Man beschränkte sich auf das bewährte Argument, bei Zweisprachigkeit gewinne immer das Kastilische, weil die jahrhundertelange Unterdrückung des Katalanischen bis heute nicht überwunden sei. Eben deshalb müsse man es in Frankfurt anders machen und die *llengua pròpia* alleine auf die Messe schicken. Daß die kastilischsprachigen Autoren in Guadalajara im Vorteil gewesen sein könnten, weil dort alle selbst Kastilisch sprechen, während in Frankfurt die große Mehrheit des Messepublikums keine der beiden Sprachen beherrscht, blieb weitgehend außer acht. Ebenso die Frage, welches Bild sich eigentlich die Gastgeber von ihrem Gast machten.

Nachdem der Schriftstellerverband den Alleinvertretungsanspruch der katalanischsprachigen Autoren formuliert hatte, hätte die Debatte im katalanischen Kulturbetrieb in Ruhe vor sich hin köcheln können. Mit der Organisation des Auftritts in Frankfurt war das Institut Ramon Llull betraut, Sie wissen schon, das kleine hiesige Pendant zum Goethe-Institut, Garant für einen besonnenen Umgang mit nationalistischen Empfindlichkeiten. Die Tageszeitung *Avui* veröffentlichte ab Mitte Mai 2005 unter dem Titel »Der Weg nach Frankfurt« eine Interviewserie mit Schriftstellern, Verlegern und Literaturlobbyisten und brachte bei deren Auswahl das Kunststück fertig, daß von 22 Befragten ganze vier sich dafür aussprachen, die auf kastilisch schreibenden Autoren zur Messe mitzunehmen. Auch dieses Meinungsbild war vorhersehbar: *Avui*, einst die erste katalanischsprachige Zeitung nach Francos Tod und bis heute die einzige überregionale, die ausschließlich auf katalanisch erscheint, ist ein unterhaltsames, manchmal leicht krawalliges und stets gewissenhaft katalanistisches Blatt.

Nun aber schaltete sich die Politik ein. CiU, die bürgerlich-nationalistische Partei des ehemaligen Dauerpräsidenten Jordi Pujol, die gerade mit ansehen mußte, wie die regierende Linkskoalition das lange aufgeschobene neue Autonomiestatut für Katalonien ohne sie auf den Weg brachte, versuchte patriotischen Boden gutzumachen, indem sie die Forderung des Schriftstellerverbands als Antrag ins katalanische Parlament einbrachte. Die Folge war ein Beschluß der Generalitat, dem Ende Mai alle Fraktionen außer dem konservativen PP zustimmten.

Bloß, was hatte man da beschlossen? CiU und ebenso die linksnationalistische ERC waren überzeugt, die Abwesenheit der kastilischen Sprache vom katalanischen Messeauftritt festgelegt zu haben. Sozialdemokraten und Grüne dagegen meinten, es sei zwar für eine klare Bevorzugung des Katalanischen, nicht aber für den Ausschluß des Kastilischen entschieden worden. Aus dem abgesegneten Text, in dem es hieß, die katalanische Sprache sei »das alleinige Wesensmerkmal« der katalanischen Literatur, ließ sich allerdings nur schwer etwas anderes herauslesen als eine Absage an die kastilischsprachigen Autoren.

Der erste Aufschrei kam von den Verlegern. Barcelona ist nicht nur das Zentrum des katalanischen Buchmarktes, sondern auch die Verlagshauptstadt der gesamten spanischsprachigen Welt, und die Branche betreibt ihre Geschäfte ungern nach politischen Vorgaben – zumal viele katalanische Verlage ein zweisprachiges Programm haben. »Warum dieser Drang, Leute auszuschließen?« wunderte sich also selbst der Präsident des *Verbands der Verleger in katalanischer Sprache*. Die Kulturministerin der Generalitat versuchte zu beschwichtigen: Alle katalanischen Schriftsteller, egal welcher Sprache, seien Teil der katalanischen Kultur, zugleich sei aber »evident«, daß die katalanische *Literatur* in katalanischer Sprache geschrieben werde. Doch mit solchen Spitzfindigkeiten ließ sich die Lage kaum entspannen. Prompt warnte das Kulturministerium in Madrid davor, »eine Chance in einen politischen Konflikt zu verwandeln«, und stellte die Position klar, von der aus die spanische Regierung sich über die Frankfurter Einladung freute: Katalonien sei zweisprachig, und »dort, wo Katalonien ist, wird auch Spanien sein«.

Damit waren wieder einmal die beiden Grundhaltungen in der ewigen spanisch-katalanischen Debatte formuliert. Auf katalanischer Seite der Anspruch auf kulturelle Eigenständigkeit, zugespitzt in der Meinung, daß diese Eigenständigkeit nur eine Sprache sprechen könne, nämlich Katalanisch. Auf der spanischen Seite der Gestus der höheren Instanz, die klarstellt: Wir lassen euch mit eurer Eigenständigkeit viel Auslauf, aber entwischen lassen wir euch nicht.

Das Getöse machte sich nun auch in Frankfurt bemerkbar, und dort hatte man für den Zank im Gastland wenig Verständnis. Pikiert wies die Messeleitung darauf hin, daß die Entscheidung für Katalonien nicht unumstritten gewesen sei und daß man für 2007 bisher nur eine Einladung ausgesprochen, aber noch keinen Vertrag geschlossen habe. Zudem stand Messedirektor Volker Neumann, der ein Haus auf Mallorca besitzt und nach eigenen Angaben dort sein Interesse an der katalanischen Kultur entdeckt hatte, kurz vor der Ablösung. Daß sein Nachfolger vergleichbare persönliche Sympathie für den schwierigen Kandidaten aufbringen würde, durfte man bezweifeln.

Allerdings, und das fiel bei der Debatte in Katalonien meist unter den Tisch, hatte auch schon Volker Neumann, als er die Einladung bekanntgab, die denkwürdigen Worte gesprochen: »Die katalanische Kultur ragt durch ihre ungewöhnliche Kreativität und Popularität heraus. Das beweisen international erfolgreiche Autoren wie Vázquez Montalbán, Juan Goytisolo oder Carlos Ruiz Zafón und Künstler wie Joan Miró, Salvador Dalí oder Antoni Tàpies.«

Den drei genannten Künstlern läßt sich ein enger Bezug zur katalanischen Sprache ganz gut nachweisen, den Schriftstellern aber nicht. Ihre international erfolgreichen Bücher sind alle auf kastilisch geschrieben. Wohl ohne es zu wollen, legte Neumann mit seiner Aufzählung den Finger in eine offene Wunde des katalanischsprachigen Literaturbetriebs: wenn Bücher aus Katalonien es zu europaweiten Bestsellern bringen, dann fast immer welche, die auf kastilisch verfaßt sind.

Doch bleiben wir für einen Moment in Deutschland. Dort reagierte nach der Messeleitung auch die Presse, zwar eher vereinzelt, dafür um so ungnädiger. So wetterte die *Zeit* über ein »vermeintliches Ur-Idiom«, in dessen einseitige Pflege man sich in Katalonien verrannt habe. Die *taz* zitierte beifällig aus einem Kommentar der konservativen spanischen Zeitung *El Mundo*, der den katalanischen Nationalisten mit Blick auf die Buchmesse »Borniertheit und Provinzialismus« vorwarf. Und die Online-Ausgabe des *Handelsblatts* nutzte die Gelegenheit, um gleich die ganze Mehrsprachigkeit Spaniens für »Wahnsinn« zu befinden.

Auf die Abwehrreflexe in den deutschen Medien war also wieder einmal Verlaß. Eine Ausnahme bildete in diesem Fall jedoch die FAZ. Ihr Korrespondent wies nicht nur auf die unfreiwillige Komik von Volker Neumanns Einladungsworten hin, sondern auch darauf, daß Katalanisch »die größte nicht anerkannte Sprache der europäischen Union ist«. Und er erinnerte an die Frankfurter Buchmesse 1991, als das Schwerpunktthema Spanien war und die drei Sprachen Katalanisch, Galicisch und Baskisch beim Auftritt des Gastlandes so gut wie nicht vorkamen.

In Katalonien meldeten sich derweil auch mäßigende Stimmen zu Wort. Das Institut Ramon Llull rief beide Seiten inständig auf, von der Polemik abzulassen. Angesehene katalanischsprachige Schriftsteller wie Sergi Pàmies und Narcís Comadira gingen auf Abstand zur strikt nationalistischen Auslegung des Begriffs katalanische Kultur und merkten an, daß die meisten hiesigen Autoren doch wenigstens für Zeitungsbeiträge ab und zu ins Kastilische wechselten. Andere gossen weiter Öl ins Feuer, zum Beispiel Juan Marsé, der stets auf kastilisch schreibt und von dem ein paar Bücher auch mit Erfolg in deutscher Übersetzung erschienen sind. Er spottete, ein zweisprachiger Autor wie Eduardo Mendoza dürfte wohl nur von der Gürtellinie aufwärts oder abwärts nach Frankfurt reisen, versicherte, er selbst, Juan Marsé, werde auf keinen Fall zur Messe kommen, und zählte zur Begründung noch auf, welche katalanischsprachigen Kolleginnen und Kollegen bei ihm Nesselfieber auslösten.

Um diese Zeit begann man die ganze Debatte hier »El culebró de Frankfurt« zu nennen, die Seifenoper Frankfurt. Ein doppelt passender Begriff, denn ein verbreiteter Brotjob unter katalanischen Schriftstellern ist es, Drehbücher und Konzepte für die Endlosserien des Fernsehsenders TV3 zu liefern. Auch die berühmteste der katalanischen Soaps, *Nissaga de poder*, die sich, hochdramatisch bis hin zu Mord und Inzucht, um eine Cava-Dynastie im Penedès drehte, entstand auf diese Weise.

Die Seifenoper Frankfurt ging nun in die Sommerpause. Anfang Juli war noch Volker Neumann in seiner neuen Eigenschaft als Ex-Messedirektor zu Besuch in Barcelona, regte an, die katalanische Kultur solle in Frankfurt ein Beispiel des Miteinanders geben, und verwies auf die Buchmesse 2004, als unter den arabischen Ehrengästen auch Autoren waren, die ihre Bücher auf englisch oder französisch schreiben.

Kleiner Einschub. Immer wenn ich in Katalonien in einer Buchhandlung bin, schaue ich mich nach zweisprachigen Büchern um. Ich meine Bücher, die zumindest in ihren Dialogen das tägliche Nebeneinander von Katalanisch und Kastilisch abbilden, wie man es hier fast überall erlebt. Das Hin- und Herwechseln zwischen den Sprachen, je nachdem, mit wem man es zu tun hat, und die unterschiedlichen Grade an Bereitschaft, sich auch mal in der Sprache zu äußern, die man nicht als die eigene empfindet. Manchmal entdecke ich einen katalanischen Roman, der diese Wirklichkeit widerspiegelt, doch die allermeisten deuten sie nicht einmal an, selbst dann nicht, wenn sie auf präzise Milieuschilderungen aus sind. Die Zweisprachigkeit scheint als kaum literaturfähig zu gelten. Klar, man kann dahinter einen politischen Willen vermuten, schließlich akzeptieren der katalanische ebenso wie der spanische Nationalismus die Zweisprachigkeit nur notgedrungen. Aber es wundert mich immer wieder, wie einmütig sich Autorinnen und Autoren diese Haltung zueigen machen. Die Ausnahmen von der Regel sind meist entweder journalistisch-dokumentarische Bücher oder ihrerseits politisch begründet – zum Beispiel die zweisprachige Autobiographie von Albert Boadella, Gründer der Theatergruppe Els Joglars und prominentester Aktivist der antinationalistischen Bewegung in Katalonien.

Auch auf der Bühne mischen sich die beiden Sprachen selten. »Dafür gibt es kein Publikum«, ist die diplomatische Begründung in Theaterkreisen, und die ehrlichere lautet: dafür gibt es kein Geld. Schon früh entdeckte die Generalitat das Theater als Gegenstand ihrer Politik der *normalització lingüística*, gefördert werden also fast nur einsprachig katalanische Aufführungen. Das hat vor allem in Barcelona eine seltsame ›Arbeitsteilung‹ der Bühnen zur Folge. Die ambitionierteren, auf öffentliche Mittel angewiesenen Produktionen erklingen fast ausnahmslos auf katalanisch, bei Boulevardstücken und Musicals herrscht das Kastilische vor. Immerhin ist die katalanische Theaterszene dabei sehr lebendig geblieben, auch abseits von Exportschlagern wie der – ganz ohne Worte auskommenden – Spektakelgruppe La Fura dels Baus. Beim Film dagegen hat sich die Sprachpolitik als Schuß in den Ofen erwiesen. Talentierte Regisseurinnen und Regisseure wandern in Scharen nach Madrid ab, und wenn doch einmal ein Kinofilm auf katalanisch Premiere hat, so stellt sich bei näherem Hinsehen meist heraus, daß er eigentlich auf kastilisch gedreht und für die Erstvorführung rasch noch synchronisiert wurde.

Aber zurück zur Seifenoper. Bei der Wiederaufnahme im Oktober 2005 hatte eine neue Hauptfigur ihren Einstand, Jürgen Boos, der Nachfolger Neumanns als Direktor der Frankfurter Buchmesse. Er erklärte, man werde auf der Messe »keinen Regionalismus« dulden, denn das würde deren Prinzipien widersprechen. Überraschend geräuscharm kam kurz darauf der Vertrag zwischen Katalonien und Frankfurt unter Dach und Fach. Darin verpflichteten sich die katalanischen Organisatoren, mit dem Messeauftritt der »kulturellen Vielfalt« der katalanischsprachigen Gebiete Rechnung zu tragen und Schriftsteller einzubeziehen, die sich »nicht in katalanischer Sprache ausdrücken«.

Auch nach der Unterzeichnung blieb es in Katalonien merkwürdig ruhig. Die Presse berichtete sachlich und knapp, die Branchensprecher sagten noch einmal ihre feierlichen Sätze über die einmalige Gelegenheit auf, die sich für Katalonien in Frankfurt biete, und nicht einmal die nationalistischen Hardliner mäkelten über den Vertrag. Die öffentliche Aufmerksamkeit wandte sich anderen Themen zu, vor allem dem neuen Autonomiestatut, um dessen Einzelheiten inzwischen die Parlamente rangen.

Nur im Innern des katalanischen Messe-Organisationsteams ging es nun erst richtig hoch her. Im sonst so zurückhaltenden Institut Ramon Llull wurden bittere Klagen über die Kulturministerin der Generalitat laut, die bei den Planungen für Frankfurt von Anfang an unerträglich dazwischengefunkt habe. Anfang 2006 warfen dann nach und nach fast alle, die für die Vorbereitung des Messeauftritts Verantwortung trugen, das Handtuch, schließlich auch die Kulturministerin selbst. Und während ihr Nachfolger eilig ein neues »Organigramm« für die Frankfurtplanung zusammenstellte, an dessen Spitze als »Kommissarin« die Literaturagentin Anna Soler-Pont stand, kam Messedirektor Jürgen Boos nach Barcelona, in Begleitung einer Gruppe deutscher Kulturjournalisten von *arte* bis *Frankfurter Rundschau*, von DPA bis ZDF. Anlaß war Sant Jordi, der Tag der Rose und des Buches. Im Garten des Palau de Pedralbes, eines ehemaligen Palasts der spanischen Könige, sollten die deutschen Journalisten mit katalanischen Kollegen und Autoren zusammentreffen und Gelegenheit haben, sich einen vertieften Einblick in die katalanische Literatur zu verschaffen. Die Begegnung verlief enttäuschend, jedenfalls für die Gastgeber. Denn um Literatur ging es in den Gesprächen so gut wie nicht, dafür unermüdlich um die Frage, warum die anwesenden Autorinnen und Autoren auf katalanisch schrieben, wo sie doch ebenso das Kastilische beherrschten, eine Sprache, mit der sie viel mehr Publikum erreichen könnten. Die Antworten – von Muttersprache über großartige literarische Tradition bis Nation ohne Staat, also lauter Erklärungen, die man in Katalonien für selbstverständlich hält – schienen die Verwunderung der deutschen Besucher noch zu steigern. Eine Kolumnistin der Zeitung *Avui* überschrieb ihren Report aus dem Palastgarten mit dem Satz: »Die Delegation deutscher Journalisten kehrt nach Hause zurück, ohne zu verstehen, warum es katalanische Schriftsteller gibt, die auf katalanisch schreiben.« Vor der Abreise, so dieselbe Kolumnistin, hätten die Gäste sich noch die Namen Mercè Rodoreda und Josep Pla mühsam buchstabieren lassen.

Für den katalanischen Kulturbetrieb hatten solche ernüchternden Erfahrungen auch ihr Gutes: man merkte, es blieb eine Menge zu tun auf dem Weg nach Frankfurt, und man rückte enger zusammen. Daß es dann trotzdem noch einmal ein bißchen rumorte, war wieder der Politik zu verdanken. In der letzten Parlamentssitzung vor der Sommerpause 2006 versuchten sich die nationalistischen Parteien ERC und CiU gemeinsam erneut an einem Beschluß, nach dem das offizielle Aufgebot für Frankfurt 2007 allein aus Literaten in katalanischer Sprache bestehen dürfte. Diesmal war der Antrag unmißverständlich formuliert, und beide Fraktionen zusammen hätten eigentlich die nötige Mehrheit aufgebracht. Doch sie scheiterten daran, daß zu viele ihrer Abgeordneten vorzeitig in den Urlaub gegangen waren.

Als zum Ende der Frankfurter Buchmesse 2006 das Gastland Indien die Ehrenrolle feierlich an die katalanische Kultur abtrat, schienen alle sehr optimistisch. Die Organisatoren aus Katalonien kündigten unter dem Motto »Einzigartig und universell« ein Programm an, das über 200 katalanische Schriftstellerinnen und Schriftsteller einbeziehen und den großen Auftritt in Frankfurt mit Veranstaltungen in etlichen anderen deutschen Städten flankieren sollte. Messeleiter Jürgen Boos entzückte die Teilnehmer seiner Pressekonferenz mit Begrüßungsworten auf katalanisch, zeigte sich überhaupt zum engagierten Katalonienfreund gewandelt und gab zu Protokoll, er habe den berühmten Ritterroman *Tirant lo Blanc* auf dem Nachttisch liegen. Und um schon mal ein Zeichen des vielbeschworenen Miteinanders zu setzen, hatten die katalanischen Verlage erstmals seit über zwanzig Jahren ihre katalanisch- und kastilischsprachigen Titel nicht an separaten Messeständen, sondern zusammen ausgelegt.

So deutete alles darauf hin, daß man über das Gepolter der Seifenoper Frankfurt im Herbst 2007 nur noch lächeln würde. Politisches Störfeuer war zwar weiterhin nicht auszuschließen, zumal die ERC anläßlich der katalanischen Parlamentswahlen vom November 2006 tönte, sie betrachte alle bisherigen Abmachungen zur Buchmesse als vorläufig. Aber die Grundformel für den katalanischen Auftritt stand längst fest: klarer »Protagonismus« für die katalanischsprachigen Titel – und eine bequeme Mitfahrgelegenheit für die internationalen Erfolgsautoren, die in Katalonien auf kastilisch schreiben.

Schließlich muß der katalanischen Literatur in Deutschland auch jemand die Tür öffnen.

Nun möchte ich behaupten, es war von Anfang an klar, daß alles glattgehen würde. So kämpferisch die Posen, hätte doch niemand die Chance für Katalonien, die sich mit der Buchmesse bot, ernstlich aufs Spiel gesetzt. Die Entrüstung einiger deutschsprachiger Kommentatoren über die katalanische Debatte (und das läßt sich von der Buchmesse auf die Kataloniendebatte allgemein übertragen) geht, glaube ich, zum Teil auf ein Mißverständnis zurück – auf einen wesentlichen Unterschied in der Weise, wie öffentliche Diskussionen geführt werden. In Katalonien und Spanien pflegt man eine Tradition der offen unsachlichen Auseinandersetzung: alle Beteiligten hauen erst mal auf den Putz und formulieren den eigenen Standpunkt so rigoros wie möglich. Auf diese Weise beginnt eine Art von Streit, der deutsche Beobachter gerne das Attribut »hitzig« anheften. Daß aber, wenn nötig, auch auf anhaltende Demonstrationen der Unversöhnlichkeit immer die rasche, pragmatische Einigung folgt, wird oft verkannt. Die angebliche Hitzigkeit erweist sich bei genauerem Hinsehen als Spiel mit klaren Regeln, sozusagen als ritualisierte Abfolge von Rauxa und Seny – den beiden fürs katalanische Selbstbild grundlegenden Gemütszuständen der unberechenbaren Ausschweifung und der geschäftstüchtigen Besonnenheit.

Natürlich kann man sich beim Thema Buchmesse darüber wundern, wie katalanische Politiker oder Kulturfunktionäre überhaupt auf die Idee kommen, daß Frankfurt einen Ausschluß der kastilischsprachigen Autoren akzeptieren würde. Doch steht diesem offenkundigen Mangel an Unterscheidung zwischen Selbst- und Fremdwahrnehmung eben auch ein Mangel an Sensibilität für katalanische Eigenheiten auf deutscher Seite entgegen. Sei es, weil uns die Seifenoper zu unübersichtlich ist. Sei es, weil uns das Vokabular des katalanischen Nationalismus so befremdet, daß wir bis zu den verhandelten Inhalten gar nicht vordringen. Oder sei es, weil man uns selbst die größten Namen der katalanischsprachigen Literatur immer noch buchstabieren muß. Wie gesagt, mit Frankfurt 2007 wird hoffentlich vieles anders.

Jorge

Jorge Carrión, als Sohn andalusischer Zuzügler in Tarragona geboren, unterrichtet an einer Schule in Barcelona spanische Literatur und lebt in der nahen Küstenstadt Mataró. In den letzten Jahren ist er viel gereist, vor allem durch Südamerika. Das Reisen ist auch sein großes Thema als Erzähler, Essayist und Herausgeber.

»Mir gefällt an Katalonien besonders seine Lage, zwischen Spanien und Frankreich, zwischen Europa und Afrika, zwischen dem Atlantik und dem Mittelmeer. Ein Ort der Grenzen, an denen die Kulturen aufeinandertreffen, ein Gebiet der Übergänge – und der Reisenden. Zum Beispiel Picasso: zwischen Málaga und Paris nimmt seine Zeit in Barcelona eine Schlüsselstellung ein. Oder Borges: zwischen der Schweiz und Buenos Aires lebte er auf Mallorca und verbrachte längere Zeit in Barcelona.

Ich fühle mich zu Hause in Mataró und seiner Comarca, dem Maresme. Auch eine Gegend, die stark von der Migration geprägt ist – im 19. Jahrhundert wanderte ein ganzer

Schwung von Mataronern nach Argentinien aus, im 20. Jahrhundert kamen dann viele Leute aus Murcia, Estremadura und Andalusien hierher, so wie meine Eltern. Und danach aus Marokko und aus Ländern südlich der Sahara.

Was mich an Katalonien stört? Der Nationalismus, und zwar sowohl der katalanische als auch der spanische. Ich finde nicht, daß Katalonien ein eigener Staat sein sollte, andererseits fände ich es auch nicht weiter schlimm, vorausgesetzt, der historische Prozeß, der dazu führte, wäre demokratisch und rational – und so sieht er in letzter Zeit nicht aus.

Ich selbst fühle mich als Spanier, aber ebenso als Katalane, als Mataroner und als Europäer. Ich betrachte mich als zweisprachig, wobei ich das Kastilische besser beherrsche, es ist meine Muttersprache und die Sprache meiner literarischen Texte.

Ein Katalane, den ich bewundere, ist Juan Goytisolo. Für sein Werk floh er aus Barcelona, aber er blieb Katalane, und zugleich wurde er Weltbürger und Weltschriftsteller.

Das Konzept der Sardana und der Castells: alle zusammen bilden einen festen Ring, ohne daß der einzelne sich hervorhebt – das ist für mich Katalonien.«

Katalonien für die Ohren

Welche Musik ist typisch katalanisch? Etwa der Klang der Gralles, also der gellenden Schnabelflöten, die die Auftritte der Castellers und die Paraden der Riesen und Capgrossos begleiten? Die Sardanes-Orchester mit ihrer eigenartigen Mischung aus mittelalterlichen und modernen Instrumenten? Die Trommeln der Patum von Berga? Oder das Cellospiel von Pau Casals?

Genug der rhetorischen Fragen, Katalonien ist, das wissen Sie ja längst, ein sehr musikalisches Land, und wenn man hier nach charakteristischen Klängen sucht, findet man zwar nicht gleich an einem weltbekannten Klischee wie *Flamenco* oder *Samba* Halt, doch um so freier kann man sich umtun und in den verschiedenen Genres jeweils das Katalanische entdecken.

Wer es eher mit der ›ernsten‹ Tradition hat, wird vielleicht das Rote Buch von Montserrat bewundern, eine herausragende Sammlung frommer Lieder und liturgischer Tänze aus dem 14. Jahrhundert, oder sich dafür interessieren, daß neben der Sopran-Diva Montserrat Caballé auch der Tenor José Carreras aus Katalonien kommt; zu Hause heißt er Josep Carreras.

Und wer die Ethno-Grooves der *Barcelona Raval Sessions* schätzt, wird sich vielleicht fragen, warum so ein fruchtbares Gemisch ausgerechnet in der katalanischen Metropole entstand und nicht, sagen wir, in Madrid.

Wenn ich nun auf ein paar Beispiele für katalanische Musik näher eingehe, dann ohne jeden Anspruch, repräsentativ zu sein. Ich möchte nur einen Einstieg anbieten, willkürlich und persönlich, und das beste wäre, Sie würden dabei Lust bekommen, Katalonien selbst weiter mit den Ohren zu erforschen.

Die katalanische Karibik

Calella de Palafrugell am ersten Samstag im Juli. Eins der alten Fischerdörfer an der Costa Brava, fotogener als die meisten anderen, weil hier die Neubauten dezent in dritter Reihe geblieben sind. Die Wohnhäuser an der Uferlinie erheben sich über gekalkten Arkaden, der Strand verteilt sich auf ein halbes Dutzend gelbsandiger Buchten, zu einem sanften Bogen gereiht, und wer das Schwärmen der Maler für das Licht dieser Küste für abgedroschen oder überkandidelt hielt, wird hier verläßlich eines Besseren belehrt. In der breiten Mittelbucht, Port Bo genannt, Guter Hafen, schaukeln unzählige Boote, ihre Rümpfe blendend weiß gegen das tiefblaue Meer, darunter einige Antiquitäten, die nur noch einmal im Jahr zu Wasser gelassen werden. Von vielen der Masten fächelt die Senyera. Der Abend ist klar und warm, die volle, drückende Sommerhitze hat noch nicht eingesetzt. Den Tag über wurde in die Bilderbuch-Hafenkulisse eine große Bühne gebaut, jetzt wird der Anlandeplatz bis hoch in den Ort hinein bestuhlt und verwandelt sich in ein Auditorium mit mehreren tausend Plätzen.

Auf der Promenade am nördlichen Strandabschnitt bieten ein paar Stände Kunsthandwerk und kulinarische Souvenirs zum Verkauf, Fisch-Gemüse-Pasten, Bauernwürste, Süßigkeiten. Für den schnellen Hunger vor dem großen Ereignis gibt es überall im Ort Entrepans oder pikant gefüllte Teigtaschen im Straßenverkauf, doch wer es mit dem Essen nicht so eilig hat, wartet lieber auf einen freien Tisch auf einer der Restaurantterrassen, um dort Fisch zu bestellen. Zum Beispiel *Llobaro a l'all cremat*, Wolfsbarsch mit frittiertem Knoblauch – klingt unspektakulär und ist unvergeßlich köstlich. Die wenigsten Gerichte der traditionellen katalanischen Küche prunken mit hochtrabenden Namen.

Auch für den Nachtisch bleibt noch genug Zeit. Das Spektakel beginnt erst, wenn es richtig dunkel wird, also nicht vor halb elf. Nun ist die Verwandlung des Ortes abgeschlossen. Calella de Palafrugell hat keine 500 Einwohner, doch heute abend versammeln sich hier Zehntausende. Auf allen Booten, allen Balkonen, in allen Fenstern mit Seeblick und vor Großleinwänden, die an den Stränden aufgestellt sind. Die Sitzreihen im Port Bo kleben so dicht aneinander, daß man seine Knie mit der Lehne vor sich verkeilen muß. Das stört hier aber niemanden, obwohl der Altersschnitt über vierzig liegt. Das Publikum ist prächtiger Laune, schon der wacklige Kinderchor, der als Vorprogramm ein paar Lieder singen darf, erntet gewaltigen Jubel.

Danach gehört die Bühne den Seeleuten beziehungsweise den Verwaltern ihres musikalischen Erbes. Der Anlaß, der die Massen nach Calella gelockt hat, ist die Cantada d'havaneres – das größte Shanty-Festival Kataloniens und Spaniens.

Doch was heißt hier Shanty. Natürlich haben die Havaneres ihren ganz speziellen Charakter und ihre ganz eigene Geschichte. Ihr Name kommt von Havanna, der kubanischen Hauptstadt: von dort brachten Seemänner die ersten dieser Lieder mit, als Kuba noch spanische Kolonie war. Die Melodien inspiriert von den schwermütigeren Varianten der karibischen Musik, der Rhythmus bedächtig schreitend, manchmal im Walzertakt, manchmal tangoartig, die Texte immer schön nah am Meer, wurden die Havaneres schnell ein fester Bestandteil des Repertoires, das angetrunkene Fischer und Matrosen hier nachts in den Hafenkneipen zum besten gaben, und fanden bald auch ihren Weg auf die spanischen Zarzuela-Bühnen.

Die besondere Verbindung zwischen den Havaneres und Katalonien rührt daher, daß unter den Kuba-Fahrern damals die Katalanen besonders zahlreich waren. Manche wurden im Überseegeschäft reich und ließen sich später in der alten Heimat prachtvolle Villen im spanisch-karibischen Stil errichten. Diese Häuser der »Amerikaner« mit ihren großzügigen Veranden und säulengeschmückten Galerien prägen im Empordà das Erscheinungsbild vieler Orte und kontrastieren charmant mit den etwa gleichalten Bauten des Modernisme. Doch auch in der bescheideneren Architektur der Fischerhäuser von Calella hat die Karibik-Erfahrung deutliche Spuren hinterlassen.

Allerdings machten längst nicht alle Katalanen, die nach Kuba gingen, dort ihr Glück. Viele überquerten den Atlantik als Soldaten der spanischen Marine, die 1898 den Krieg um die Kolonien gegen die USA verlor. So fließen im katalanischen Bild von Kuba erhebende und betrübliche Erinnerungen zusammen und sind manchmal kaum voneinander zu unterscheiden, zumal die Niederlage Spaniens ja dem Unabhängigkeitsstreben in Katalonien kräftigen Auftrieb gab. Bis heute ist die emotionale Nähe zu Kuba fest im katalanischen Selbstverständnis verankert – und ihren unmittelbaren Ausdruck findet sie in der Musik. »Die Sardana eint uns, die Havanera verschwistert uns«, sagt ein Sprichwort.

Es ist verbürgt, daß man in Calella schon im ausgehenden 19. Jahrhundert Havaneres sang. 1966 erschien ein Buch zum Thema, betitelt »Calella de Palafrugell y las habaneras«. Aus der Party zur Veröffentlichung, die man in einer Taverne im Port Bo feierte, wurde ein großes gemeinsames Konzert von Havaneres-Enthusiasten aus der Gegend. Noch in derselben

Nacht beschloß man, so etwas öfter zu machen, und im nächsten Sommer gab es zum erstenmal das Festival im Hafen.

Es ist angenehm frisch geworden, die Takelagen der Segelboote in der Bucht klimpern leise im Wind, die Bühne glänzt in rotem und gelbem Licht. Sechs Gruppen treten nacheinander auf, die Hälfte aus Calella selbst oder dem Hauptort Palafrugell, die anderen von auswärts. Musiziert wird an Gitarre und Akkordeon, manchmal kommt noch ein Kontrabaß dazu. Der Gesang ist mehrstimmig, zwei schmetternde Tenöre und ein wehmütiger Bariton bilden die Minimalbesetzung. Frauenstimmen erklingen an diesem Abend gar nicht auf der Bühne, dafür um so kräftiger aus dem Publikum. Vor allem bei den Refrains wird laut mitgesungen. In einer kleinen Tüte, die man beim Kauf der Eintrittskarte erhalten hat, findet sich ein Heftchen mit den Texten aller Lieder. Viele dieser Texte sind tieftraurig oder auch zum Heulen schön. Zum Beispiel der vom alten Fischer, der seufzend auf sein geliebtes Meer blickt, weil er zu schwach geworden ist, um noch hinauszufahren. Schon lange liegt sein Boot auf dem Trockenen, nun legt er sich dazu und sagt: Mach mir Platz, Freundin, ich will neben dir schlafen.

Jede Gruppe singt vier Havaneres, meist zwei auf spanisch, zwei auf katalanisch. Einen Exotenbonus genießt das Sextett *Castilla canta habaneras*, das aus einem Vorort von Madrid stammt und die überschaubare Tradition der Habaneras aus dem meerfernen Kastilien aufrechterhält. Für katalanische Kontinuität steht dagegen die Gruppe *Port-Bo*, die sich auf der Party von 1966 gründete und seither in keinem Jahr bei der Cantada gefehlt hat. Und während die Lieder immer elegischer werden, wird die Stimmung immer ausgelassener. Es geht auf Mitternacht zu, und drei Damen um die Fünfzig in der Reihe vor uns (die uns längst erzählt haben, daß sie aus Lleida kommen und mit Musikern von *Arrels de la terra ferma*, die gerade gespielt haben, verheiratet sind) lutschen jede ein

Calippo und haben unbändigen Spaß an den Blowjob-Assoziationen, für die sich dieses Eis anbietet.

Klassischerweise ißt man bei einer Cantada d'havaneres allerdings kein Gefrorenes, sondern man trinkt Verbranntes: Cremat, das ist der Cocktail zum Thema, er besteht aus Rum, Zucker, Zimt und Zitronenschale, wird eine Viertelstunde lang flambiert und dann mit Kaffee gelöscht. Auch wenn bei der Prozedur der Alkohol weitgehend verdampft, hat das Getränk in Verbindung mit der Musik eine wunderbar melancholisch besäuselnde Wirkung.

Zeit für das große Finale. Alle Gruppen des Abends treten jetzt gemeinsam auf die Bühne, für zwei letzte Lieder, und zwar jedes Jahr dieselben. Das erste ist auf spanisch: *La bella Lola,* die berühmteste und mitreißendste der unzähligen Havaneres zum Thema »Seemann liebt kubanisches Mädchen«. Die schöne Lola wandelt am Strand und verdreht allen Matrosen den Kopf, auch der Steuermann kommt vom Kurs ab, wenn er sie sieht. Dem Sänger aber hat sie nicht nur mit ihrem Taschentuch zugewinkt, sondern ihm danach noch eine Umarmung geschenkt, und da glaubte er vor Glück zu sterben. »¡Ay! qué placer sentía yo«, »Oh! welche Lust verspürte ich«, so beginnt der hymnische Refrain, so jubelt es aus zwei Dutzend Kehlen auf der Bühne und schallt es aus dem Publikum, das sich dabei in ein Meer aus wedelnden weißen Tüchern verwandelt. Denn auch so ein Tuch lag in der Tüte, die es zum Eintritt gab, neben dem Programmheft.

Mit *La bella Lola* ist aber noch nicht der höchste Grad an Verzückung erreicht. Zwar steht im Bildinventar der Havaneres jedes Mädchen aus Kuba auch für die Insel selbst, doch die Liebeserklärung an die verlorene Perle der Karibik spart den anderen Raum der großen Gefühle aus: die Heimat des Sängers. Ihr ist das zweite, das katalanischsprachige Schlußlied gewidmet, *El meu avi – Mein Großvater.* Dieser Großvater fuhr nach Kuba, auf dem *Catalán*, dem »besten Kriegsschiff der Überseeflotte«. Der Steuermann, der Bootsmann und vierzehn Matrosen an Bord stammten »aus Calella, aus Palafrugell«. Und so lautet der erste Refrain:

> Quan el »Catalán« sortia a la mar
> els nois de Calella feien un cremat
> mans a la guitarra solien cantar:
> Visca Catalunya! Visca el »Catalán«!
>
> (Als der Catalán in See stach,
> machten die Jungs aus Calella einen Cremat;
> und sie griffen zur Gitarre und sangen:
> Es lebe Katalonien! Es lebe der Catalán!)

Bei solch klaren Identifikationsangeboten ist der Gänsehautfaktor im Port Bo natürlich riesig. Allerdings nimmt die Geschichte des Catalán kein gutes Ende. Der Großvater kommt, wie all die anderen Seeleute aus Calella auch, bei einem Angriff der Amerikaner ums Leben. Zum Schluß wird dann zwar der erste Refrain wiederholt, doch dabei verwandeln sich die anfeuernden Zeilen in ein Stück Grabrede, und das »Visca Catalunya!« wird vom Schlachtruf der Aufbrechenden zum einzigen Trost der Hinterbliebenen. Wieder flattern die weißen Tücher zum Gesang, und in diesem Moment darf man mal so kitschig sein, sie als lauter kleine Friedensflaggen zu betrachten. Ein paar Augenblicke noch wiegen wir uns alle selig im verklungenen Takt, dann ist ein tosender Abschiedsapplaus fällig.

Was *El meu avi* so packend macht? Vielleicht, daß hier ein kurzes Lied in schlichten Worten alle tieferen Anliegen der katalanischen Havanera versammelt: die Liebe zur Heimat, den Drang nach Kuba, die Klage über den Krieg von 1898, die Trauer um das Unwiederbringliche. Geschrieben hat es übrigens ein musikalischer Oberst der spanischen Armee, der sich – eine Seltenheit in seinem Berufsstand – frühzeitig zum Franco-Gegner bekehrte.

Mit dem Ende des Konzerts ist die Nacht der Havaneres in Calella noch längst nicht vorbei. Die Gruppen verteilen sich auf die Kneipen des Ortes und spielen dort bis zum Morgen weiter, und wer es im Gedränge bisher nicht geschafft hat, an einen Cremat zu kommen, kann das nun in Ruhe nachholen.

Eine Bewegung

»Ens calen cançons d'ara« – »Wir brauchen Lieder von heute«. So der Titel eines Aufrufs aus dem Jahr 1959, verfaßt von einem Dichter namens Lluís Serrahima, erschienen in einer Zeitschrift des Klosters Montserrat. Das Kloster und sein Verlag waren der wichtigste (und lange Zeit einzige) Ort, an dem während der Diktatur Texte in katalanischer Sprache veröffentlicht werden konnten. Und so meinte auch Lluís Serrahima mit »Lieder von heute« Lieder auf katalanisch. Sein Aufruf setzte die erfolgreichste musikalische Strömung in Gang, die im 20. Jahrhundert von Katalonien ausging. Zunächst zog er die Gründung einer Gruppe nach sich, die sich *Els setze Jutges* nannte, *Die sechzehn Richter.* Klingt respekteinflößend, ist aber bloß eine Anspielung auf den beliebten katalanischen Zungenbrecher »Setze jutges d'un jutjat mengen fetge d'un penjat« – »Sechzehn Richter eines Gerichtshofs essen die Leber eines Gehängten«.

Die Setze Jutges waren keine Band, sondern eine Art Aktionsbündnis, ein Zusammenschluß von Musikerinnen und Musikern mit einer gemeinsamen Haltung – Opposition gegen Franco – und einem gemeinsamen Anliegen: auf katalanisch zu singen. Als Vorbilder sahen sie die französischen Chansons, besonders die von Georges Brassens, aber auch die politisierten Folksongs, die gerade in den USA in Mode kamen.

Bei solchen Zutaten waren Schwierigkeiten mit der Zensur

natürlich Ehrensache. Alle Auftrittsverbote, Radioboykotte und behördlichen Eingriffe in den Schallplattenvertrieb erhöhten nur die Glaubwürdigkeit der kämpferischen Töne, konnten ihre massenhafte Ausbreitung aber nicht verhindern. Und so hatte Katalonien in den sechziger Jahren auf einmal eine musikalische Protestbewegung, obendrein eine, die quer durch die Gesellschaftsschichten und auch über die Sprachgrenzen hinaus wirkte. Das Etikett, unter dem sie berühmt wurde, war *Nova Cançó: Neues Lied.* Stilistisch erinnerte anfangs vieles an die französischen Muster, doch mehr und mehr bildeten sich auch ganz eigene Tonfälle heraus. Aus dem Kreis der Setze Jutges gingen die Stars unter den katalanischsprachigen Liedermachern hervor, zum Beispiel Joan Manuel Serrat, Maria del Mar Bonet, Raimon oder Lluís Llach.

Alles Namen, die Sie noch nie gehört haben? Das sollten Sie aber, wenn Sie in Katalonien einen guten Eindruck machen wollen. Denn hier sind diese Sängerinnen und Sänger so bekannt wie in Frankreich Edith Piaf oder Jacques Brel, und manche ihrer Texte haben längst ihren Stammplatz in Sammelbänden katalanischer Lyrik.

Den ersten großen Coup in Sachen Außenwirkung landete 1962 der Valencianer Raimon. Es gelang ihm, mit einem Lied in katalanischer Sprache beim hochoffiziellen »Festival de la canción mediterránea« zugelassen zu werden, und er gewann den – vom Publikum verliehenen – ersten Preis. Ein paar Jahre später brachte die Nova Cançó dann ein gesamtspanisches Idol hervor: Joan Manuel Serrat. Die Erfolge, die der Studentinnenschwarm mit dem warmen Timbre auch außerhalb Kataloniens feierte, bewogen ihn dazu, einige Lieder auf kastilisch zu schreiben. Für manche Mitglieder der Setze Jutges war das ein Verrat an der gemeinsamen Sache. Der Streit um den Fall Serrat spaltete die Gruppe in zwei Lager, sozusagen die Puristen und die Kompromißler, und geriet derart unversöhnlich, daß die Setze Jutges sich darüber auflösten. Im selben Jahr, 1968, wurde Joan Manuel Serrat als Vertreter

Spaniens beim Grand Prix d'Eurovision ausgewählt. Angeblich stand sogar schon fest, daß er gewinnen würde, da Spanien den Sieg vorab gekauft haben soll. Kurz nach seiner Nominierung gab Serrat bekannt, er werde nur mitmachen, wenn er sein Lied auf katalanisch singen dürfe. Ob ihn zu diesem Manöver sein eigenes politisches Anliegen drängte oder eher der wachsende Unmut seines katalanischen Publikums, bleibt offen. Jedenfalls wurde er sofort gegen eine Ersatzkandidatin ausgetauscht, die an seiner Stelle den Grand Prix gewann, und büßte für seine Chuzpe mit einem jahrelangen Auftrittsverbot im spanischen Fernsehen. Seine alten Fans aber hatte er zurückgewonnen, obwohl er nun nur noch ausnahmsweise Platten in katalanischer Sprache aufnahm und seine berühmtesten Lieder fast alle auf kastilisch schrieb. Zum Beispiel *Mediterráneo*, eine so inbrünstige wie feinfühlige Ode an das Mittelmeer, die jeder Bewohner der spanischen Südküsten mitsingen kann.

Als Franco starb, drohte Serrat gerade eine Verhaftung, weil er in besonders scharfen Worten gegen die Todesstrafe protestiert hatte, und er ging deshalb für einige Monate nach Mexiko ins Exil. Sein Kollege Lluís Llach hatte einen kurzen Gefängnisaufenthalt eben hinter sich. So hob die Paranoia der verdämmernden Diktatur noch einmal das Rebellische an diesen Musikerbiographien hervor. Dabei waren die katalanischen *Cantautors* längst auf dem besten Weg, zu Klassikern zu werden. Sie hatten sich ein treues Publikum in Südamerika erspielt, sie waren im Olympia in Paris aufgetreten, sie wurden auf Festivals in Deutschland und Großbritannien herumgereicht und bewundert.

Der politische Neubeginn in Spanien eröffnete der Nova Cançó dann eine wenig verführerische Zukunft als Schmuckstück im Museum des Widerstands. Schuld war die Operation ›Schwamm drüber‹, mit der sich der Staat über die alten Gräben hinweg in die Demokratie rettete und die viele Regimegegner auf einmal ebenso erledigt erscheinen ließ wie das

Regime selbst: die Liedermacher standen plötzlich für eine Zeit, an die sich keiner mehr erinnern wollte. Auf der anderen Seite hatten sie die Möglichkeit, sich von der neuen katalanischen Autonomieregierung pompös vereinnahmen zu lassen. Keine einfache Lage für kritische Künstler, und die Cantautors gingen damit sehr unterschiedlich um. Raimon, schon immer der Handfeste, der Arbeitersohn unter all den Bürgerkindern, wehrte sich heftig gegen seine Mumifizierung und versuchte so widerspenstig wie möglich zu bleiben. Sein Prinzip, alle Auszeichnungen abzulehnen, die ihm das offizielle Katalonien antrug, hielt er aber auf Dauer nicht durch. Lluís Llach fand sich mit seiner Rolle als Lieblingsbarde der gemäßigt separatistischen Bourgeoisie ab und entdeckte neben dem Singen eine zweite Leidenschaft: als Winzer im Dorf Porrera hat er seinen Anteil am Aufstieg der Priorat-Weine, die Marke *Vall Llach* steht in exzellentem Ruf. Joan Manuel Serrat kostete seinen nationalen und internationalen Ruhm weiter aus, absolvierte All-Star-Tourneen mit Ikonen des gehobenen spanischen Schlagers wie Ana Belén und Víctor Manuel und wurde mit bereits zwei Hommage-Alben unter dem Titel *Serrat, eres único (Serrat, du bist einzigartig)* geehrt. Im Frühjahr 2006 erhielt er »für seinen Beitrag zur spanischen Kultur allgemein und zur katalanischen im besonderen« die Ehrendoktorwürde der Universität von Madrid, und kurz darauf veröffentlichte er zum erstenmal seit siebzehn Jahren eine Platte auf katalanisch.

Den musikalisch interessantesten Verlauf hat für meinen Geschmack die Karriere von Maria del Mar Bonet genommen. Sie wurde Ende der sechziger Jahre mit einem ergreifenden und sogleich von der Zensurbehörde verbotenen Lied über die Repressalien unter Franco bekannt: *Què volen aquesta gent? Was wollen diese Leute?* Es erzählt die Geschichte eines Studenten, der, als im Morgengrauen die Polizei bei ihm vor der Tür steht, lieber aus dem Fenster in den Tod springt, als den Häschern in die Hände zu fallen.

Maria del Mar Bonet nimmt eine doppelte Sonderstellung unter den Helden der Nova Cançó ein. Erstens ist sie eine begnadete Sängerin, während ihre männlichen Kollegen von Anfang an eher durch Ausstrahlung als durch Stimmumfang überzeugten. Zweitens ließ sie sich musikalisch weniger von französischen Chansons beeinflussen als von Volksliedern aus ihrer Heimat Mallorca. Diese Vorliebe für traditionelle Musik, ihre Erforschung und Fortentwicklung hat sie bis heute immer weiter ausgebaut. Dabei hielt sie an der katalanischen Sprache fest, experimentierte aber zugleich mit einer Vielfalt an auswärtigen Stilrichtungen. Sie arbeitete mit Musikern aus der Türkei, aus Tunesien und aus Brasilien zusammen, sie machte Katalonien mit den Melodien von Mikis Theodorakis vertraut und brachte zwischendurch auch erstaunliche Neuinterpretationen von Jazz-Standards oder Rolling-Stones-Titeln hervor. So baut sie seit den siebziger Jahren an einer katalanischen Weltmusik, getragen von ihrer Naturwunder-Singstimme und von der Vision einer gemeinsamen, immer von neuem verbindenden und befruchtenden musikalischen Kultur des ganzen Mittelmeerraums. Unter allen Produkten der Nova Cançó bieten ihre Platten und Konzerte die außergewöhnlichsten Klänge. Die Gelegenheit, sie live zu sehen, sollten Sie auf keinen Fall versäumen. Unvergeßlich und zum Glück nicht allzu selten sind zum Beispiel ihre Auftritte auf der Plaça del Rei, einer lauschig zwischen mittelalterlichen Mauern gelegenen Open-Air-Bühne in der Altstadt von Barcelona (nicht zu verwechseln mit der berüchtigten Plaça Reial).

Und wenn Maria del Mar Bonet etwas zu feiern hat, ein musikalisches Jubiläum zum Beispiel, tritt jeder der alten Kollegen gerne zum Duett mit ihr an. Spätestens seit sie es geschafft haben, in Würde historisch zu werden, sind die Setze Jutges alle wieder miteinander versöhnt.

Ein Einzelfall

Noch eine kleine Talentwettbewerb-Geschichte. Diesmal handelt es sich um die »Muestra de la Canción de Autor«, sie findet weit entfernt von Katalonien statt, in der andalusischen Stadt Jaén, im Jahr 1988. Es wird viel Seriöses dargeboten, viel Ambitioniertes, vieles, was man meint schon hundertmal gehört zu haben, wie nicht anders zu erwarten bei einem Liedermacher-Festival. Dann setzt sich ein schmächtiger 22jähriger mit Pferdeschwanz auf die Bühne und singt seine Lieder zur Gitarre. Was heißt singt, es ist eher ein Flüstern mit Fistelstimme. In katalanischer Sprache. Und er gewinnt den ersten Preis.

So begann die wohl seltsamste Karriere der katalanischen Popgeschichte. Der unwahrscheinliche Sieger hieß Albert Pla, kam aus Sabadell, nördlich von Barcelona, und den Ausschlag gab natürlich nicht die Art, wie er sang, sondern das, was er sang. »Papa jo vull ser torero, papa jo vull matar toros« – »Papa, ich will Torero werden, Papa, ich will Stiere töten«, so quengelt der Sohn des katalanischen Vollzeit-Patrioten. Der entsetzte Vater kann ihm den Plan nicht ausreden, und am Ende stirbt der Sproß den Ehrentod in der Arena: er verblutet, nachdem ihm der Stier mit einem Hörnerstoß die Hoden abgerissen hat.

Der Text ist ein hübsches Beispiel für das, was man auf katalanisch *irreverència* nennt. Ein schillerndes Wort, mit Respektlosigkeit oder Unverschämtheit nur teilweise übersetzbar. In *irreverència* schwingt eine spezielle Bewunderung mit, nicht so sehr für einen Tabubruch an sich, eher dafür, wie konsequent und wie geschickt er ausgeführt wird. Die Geschichte aus Albert Plas Torero-Lied ist ein kompakter Rundumschlag, sie macht katalanische Blasiertheit und Stierkampf gleichermaßen lächerlich. Doch die größte Frechheit liegt im sprachlichen Detail. Über den Vater heißt es, er sei ein »Sardana-Machthaber«, und er wird mit dem Attribut *honorable* versehen, das üblicherweise dem Präsidenten der Generalitat vorbehalten bleibt. Die Deutung, daß der glücklose Stierkämpfer Sohn des katalanischen Regierungschefs sein soll, ist nicht zwangsläufig, drängt sich aber auf. Als Gegenstück zu diesen Despektierlichkeiten (und um deren Wirkung noch zu steigern) malt der Schluß des Liedes das Torerobegräbnis so kitschig wie möglich aus, »voller Ehre, voller Ruhm«, mit aufs Grab gepflanzten Banderillas und mit schwarzen Geranien an den Balkonen.

Daß die katalanische Gesellschaft eine leise Lust an der *irreverència* pflegt, und zwar bis in die hohen politischen Institutionen, wird oft übersehen, wenn es heißt, man verstehe hier zumindest mit den eigenen heiligen Kühen keinen Spaß. Im Jahr nach dem Wettbewerb konnte Albert Pla sein erstes Album veröffentlichen, *Ho sento molt (Es tut mir sehr leid)*, eine eigenartige Mischung aus lyrischer Virtuosität und Fäkalsprache, gebettet in fast kindlich zarte Musik. Für seine zweite Platte wurde er sogar mit dem »Nationalen Musikpreis« Kataloniens ausgezeichnet. Es war eine Zeit, in der die Kulturpolitiker der Generalitat bei der Jugend punkten wollten, indem sie katalanischsprachige Rockbands förderten – und eben auch mal einen komischen Vogel. Albert Pla aber schreckte die Aussicht, zu einer Art Hofnarr zu werden, so sehr, daß er begann, auf kastilisch zu singen und sich von Rumbamusikern begleiten zu lassen. In seinen Texten beleidigte er nun das Königshaus oder erzählte kaputte Liebesgeschichten.

Mitte der neunziger Jahre weigerte sich seine Plattenfirma, ein neues Album von ihm zu veröffentlichen, weil sie fürchtete, damit vor Gericht zu landen. Die größte Sorge machte ein Stück, das von der Liebe zu einer Terroristin handelte. Während sie ein blutiges Attentat nach dem anderen verübt, zerbricht sich ihr Freund den Kopf darüber, ob er ihr vielleicht nicht genug Zärtlichkeit gibt, und wenn ihn als Mitwisser die Reue packt, beruhigt er sich mit dem Refrain »Un policía muerto, un policía menos« – »Ein toter Polizist, ein

Polizist weniger«; in der nächsten Strophe ist es dann ein Politiker, danach ein Militär. Mit zweijähriger Verspätung erschien die Platte dann doch noch, unter dem Titel *Veintegenarios en Albuquerque (Zwanzigjährige in Albuquerque).*

Albert Pla hatte den Zenit seiner Karriere erreicht, aus dem Anti-Liedermacher war eine Größe der komischen Avantgarde geworden. Er hatte neue Standards an Unverschämtheit setzen können, wozu ja nicht nur gehört, Provokationen hervorzubringen, sondern auch eine größere Öffentlichkeit damit zu erreichen – und zu prägen. Natürlich wird jemand wie er kein Superstar, auch nicht in Katalonien. Aber er ist einer der Einzelfälle, eine der schöpferischen Zumutungen, an denen sich zeigt, wie frei eine Gesellschaft wirklich ist. Und bei aller *irreverència* ist er zugleich ein äußerst begabter Dichter in zwei Sprachen.

Im neuen Jahrhundert wurde es ruhiger um ihn. Nach langer Pause veröffentlichte er eine Platte ausschließlich mit Schlafliedern, zur Abwechslung wieder größtenteils auf katalanisch. Und zusammen mit der Schauspielerin Judit Farrés entwickelte er eine Art Musiktheater, basierend auf einer Mischung aus eigenen und fremden Texten, und geht damit unter Titeln wie *Cançons d'Amor i Droga (Lieder von Liebe und Drogen)* auf Tour.

Ein Ventilator

Höchste Zeit, auf eine Bevölkerungsminderheit zu sprechen zu kommen, der die Musikkultur der gesamten Halbinsel unschätzbar viel verdankt – die Gitanos. Sie haben die Tradition geschaffen, mit der man im Ausland ganz Spanien musikalisch gleichsetzt. Und sosehr man sich in Katalonien gegen das entsprechende Touristenklischee verwahrt: auch hier wird viel Flamenco gespielt, und beileibe nicht nur die Placebo-Variante für die Urlauber. Barcelona zählt sogar zu den Flamenco-Hauptstädten, vor allem was Studios und Plattenfirmen angeht. Auch einige alte und neue Stars des Genres stammen von hier, von der Tänzerin Carmen Amaya, der in den 1940er und 50er Jahren die Welt zu Füßen lag, bis zu Miguel Poveda, einem der wichtigsten Hoffnungsträger des »neuen Flamenco«, der zwischendurch auch mal mit einem Album voller Vertonungen katalanischsprachiger Gedichte überraschte.

Die Geschichte der katalanischen Gitanos (man spricht das G hier wie im Deutschen das J von Jalousie) ist mehr als nur ein Teil der langen Geschichte der Roma in Spanien – wobei die alltäglichen Vorurteile gegen diese Bevölkerungsgruppe in Katalonien leider nicht minder ausgeprägt sind als anderswo im Staat. In Barcelona gab es lange Zeit drei große Gitano-Gemeinschaften, eine im Somorrostro, einer Slumsiedlung am Strand, etwa da, wo sich heute der schicke Olympiahafen befindet. Die beiden anderen lebten nicht ganz so ärmlich in den Stadtvierteln Raval und Gràcia, und es heißt, sie seien vor dem Bürgerkrieg komplett katalanischsprachig gewesen.

Und während Carmen Amaya, in einer Baracke im Somorrostro aufgewachsen, mit ihrem zugleich unbändigen und geheimnisvollen Tanz erst New York, dann London, dann Paris eroberte, mischten Gitano-Combos aus dem Raval, die in Barcelona in Kneipen und bei Hochzeiten spielten, Flamenco-Elemente mit Anleihen aus karibischer Tanzmusik und frühem Rock 'n' Roll und entwickelten daraus ihren eigenen Musikstil: die *Rumba Catalana.* Ein Hauptmerkmal war die besondere Gitarrentechnik, *el ventilador* genannt, der Ventilator, bei der man gleichzeitig die Saiten anschlägt und auf dem Körper des Instruments den Rhythmus klopft. Außerdem legten die katalanischen *Rumberos* ihre Stücke durchweg nach dem Drei-Minuten-Popsong-Schema an. Die meisten Formen des traditionellen Flamenco sind dagegen offen beziehungsweise setzen sich aus einer im Prinzip unbegrenzten Reihe sehr kurzer musikalischer und textlicher Einheiten zusammen – deshalb stehen die Stilbezeichnungen auch fast immer im Plural, zum Beispiel *Bulerías, Alegrías* oder *Fandangos de Huelva*. Die Rumba bleibt in der Einzahl.

Von Flamenco-Gralshütern als unzulässige Mischform, allenfalls für Besäufnisse tauglich, abgetan, wurde die Rumba Catalana für die Gitanos von Lleida bis Perpignan dennoch zum musikalischen Identitätsausdruck schlechthin und ist es vielfach bis heute geblieben. Kommerziell gesehen hatte sie ihre erste goldene Zeit in den 1960er Jahren, als Interpreten mit Namen wie El Pescaílla, Peret oder El Chacho in ganz Spanien erfolgreich Platten verkauften. Ein zweifelhaftes Revival brachte dann Ende der achtziger Jahre der Durchbruch der Gipsy Kings. Sie stammen aus katalanischen Gitano-Familien, die im Bürgerkrieg nach Südfrankreich flüchteten. Ihre Hits wie *Bamboleo* oder *Volare* sind, Sie erinnern sich bestimmt, in den Festzelten der halben Welt totgenudelt worden; schön für die Gipsy Kings, aber danach hätte man uns wahrscheinlich alle noch jahrelang mit jeder katalanischen Rumba aus jedem Lokal vertreiben können.

Und so sah man auch in Albert Plas eigenwillig-ironischen Rumbas aus den Neunzigern fast nur die Parodie und kaum die Hommage, was eigentlich sehr schade ist. In einem der schönsten dieser Songs, *La dama de la guadaña*, tut das sterbenskranke Lied-Ich seinen letzten Atemzug, warnt aber die eintretende *Sensendame* (in Katalonien und in Spanien ist ja der Tod weiblich), daß es eine sehr ansteckende *rumbita catalana* in seiner Seele trage. Frau Tod zögert trotzdem nicht, die musikalische Seele an sich zu reißen, und wird prompt von einem unwiderstehlichen Bewegungsdrang erfaßt. Mit ihrer Sense beginnt sie den Rhythmus zu klappern, dann fängt sie selbst an zu tanzen und kann nicht mehr aufhören. Die Dame in Schwarz gibt sich ganz der Seele hin, die sie sich eigentlich holen wollte – die katalanische Rumba ist mächtiger als der Tod.

Heute kann man dieses Song-Ende durchaus als Prophezeiung auffassen, denn der katalanischen Rumba geht es wieder blendend. Experimentierfreudige und international bekannte Gruppen wie Ojos de Brujo haben sie zu neuen Ehren kommen lassen, und seit ein paar Jahren werden auch die Hits von früher digital wiederveröffentlicht.

In gewisser Weise bietet die Rumba eine Synthese aller drei Beispiele für katalanische Klänge, auf die ich vorher eingegangen bin. Wie die Havaneres ist sie ein *Cante de ida y vuelta*, ein »Hin-und-zurück-Gesang«: so nennt man die Musikstile, die sich in Spanien unter dem Einfluß karibischer oder südamerikanischer Traditionen ausprägen. Für Albert Pla war der ausgiebige Flirt mit der katalanischen Rumba der musikalische Höhepunkt seiner Karriere. Und die Verbindung von Rumba und Nova Cançó beschränkt sich keineswegs auf ihre zufällige Gleichzeitigkeit in den sechziger Jahren. So sah Manuel Vázquez Montalbán in dem katalanischsprachigen Stück *El mig amic* des Rumba-Stars Peret nicht weniger als das beste Lied der Nova Cançó. Und erst Ende 2006 veröffentlichte die Band Sabor de Gràcia ein Album mit dem Titel *La Cançó amb Rumba*, auf dem sie Klassiker der Nova Cançó, von Maria del Mar Bonet über Lluís Llach bis Serrat, als katalanische Rumbas darbietet.

Wer zum Fest was fallen läßt

Die Weihnachtszeit in Katalonien ist auf den ersten Blick vor allem bunt. Hier werden im Winter die Tage ja längst nicht so dunkel und kurz wie im nördlicheren Europa, doch um so üppiger strahlt der Lichterschmuck in den Straßen. Und er muß unbedingt mehrfarbig blinken. Von den Motiven her beschränkt er sich nicht auf Sterne, Glocken oder Engel. Ebenso beliebt sind grelle Schriftzüge, und zwar neben den erwartbaren »Frohes-Fest«-Wünschen auch mal Zeilen wie »Wir verschönern die Altstadt«, mit denen eine Kommunalverwaltung ihr eigenes Wirken feiert. Meine Lieblings-Blinkschrift wird hoffentlich noch in vielen Jahren immer quer über das obere Ende der Rambla in Barcelona gespannt. Sie lautete in mitreißender Schlichtheit: *Sí, sí, sí, la Rambla, sí!*

Und überall stehen Krippen. Nicht nur in Kirchen, Wohnzimmern und Kaufhausschaufenstern, auch auf Festplätzen, in behördlichen Foyers oder in Restaurants. Wo genug Platz ist, geht der Aufbau weit über die Grundausstattung mit Heiliger Familie, Hirten, drei Königen, Ochse und Esel hinaus. Rund um den Geburtsstall wird ein komplettes Dorf modelliert,

Gärten und Äcker, Hügel und Gewässer, geschäftige Menschen und glückliche Tiere. So ist es auch in ganz Spanien üblich, deshalb nennt man die Weihnachtskrippe auf kastilisch *Belén*, Bethlehem.

In Katalonien heißt sie *pessebre*, und ihr unverzichtbares Stammpersonal umfaßt hier eine Gestalt mehr als anderswo. Diese verbirgt sich in der Nähe des Stalls im Gebüsch, hinter einer Heumiete oder unter einer Brücke, und es ist ein Lieblingsspiel nicht nur für Kinder, jede Krippenszene nach ihr abzusuchen. Was den Reiz der Zusatzfigur ausmacht? Sie hockt da und kackt in die Landschaft. Nichts anderes besagt auch ihr Name: *el caganer* (ausgesprochen »Kagané«).

Traditionell tritt der Caganer in der Tracht eines katalanischen Bauern auf, mit Barretina auf dem Kopf und Pfeife im Mund, und auf jeden Fall mit nacktem Hintern, unter sich seinen frischen Haufen. Die ersten Krippenkacker sind aus dem frühen 18. Jahrhundert bekannt, als der Brauch, zu Weihnachten ganze Miniaturdörfer zu errichten, aufkam. Damals zeugte die festliche Bauwut vom Erstarken der Handwerkszünfte: die Krippe mußte wachsen, weil um sie herum jeder organisierte Berufsstand seinen Platz haben wollte. Bei diesem Bild ist es bis heute geblieben. Die meisten Krippen sehen hier kaum nach antikem Bethlehem aus, dafür sehr nach einem vorindustriellen katalanischen Idyll, mit Fischern, Jägern und Mägden, mit Müller und Schmied.

Und mit Caganer. Welche Zunft ihn durchgesetzt hat, ist nicht überliefert. Es heißt, er versinnbildliche den Kreislauf des Lebens, die Fruchtbarkeit der Erde, der er die von ihr gespendeten Nährstoffe als Dünger zurückgibt, und er sei ein Glücksbringer. Man könnte meinen, daß er mit solchen Eigenschaften besser beim Erntedankfest oder beim Karneval aufgehoben wäre als an Weihnachten. Doch würde eh kein Katalane die anhaltende Beliebtheit der Figur ernsthaft mit irgendeiner alten landwirtschaftlichen Symbolik begründen. Nein, der Caganer fasziniert, weil er das Unfeierliche mitten im Feierlichen ist. Das Profane im Heiligen, das Grotesk-Irdische gleich neben der Göttergeburt. Er treibt den Grundgegensatz der Weihnachtsgeschichte – der Sohn Gottes in einer Krippe, aus der sonst das Vieh frißt – auf die Spitze und scheint gerade in diesem Gegensatz das Leben zu feiern. Sein Gesichtsausdruck ist fröhlich oder konzentriert, manchmal auch angestrengt vom Pressen, nie aber ekelt es ihn vor seinem leiblichen Bedürfnis. Er nutzt das Fest, um einen Kontrapunkt zum bürgerlichen Grauen vor der Verdauung zu setzen. Mit dem Caganer lebt in Katalonien die Erinnerung an einen Zustand fort, als noch keine körperfeindliche Sittlichkeit ihren Siegeszug durch die europäischen Kulturen angetreten hatte.

Nicht einmal unter Franco war er verboten, er durfte bloß kein »Symbol der Katalanität« mehr auf dem Kopf tragen. Doch wich man im 20. Jahrhundert eh immer öfter vom alten Erscheinungsbild ab. Aus dem allgemeinen Caganer wurden lauter spezielle, der *Caganer de Ripoll*, der *Caganer del Pi de Centelles* und so weiter, fast jeder katalanische Weiler schmückte sich mit einer eigenen, unverwechselbaren Version. Weibliche Exemplare gibt es seit den frühen 1970er Jahren, als der Töpfer Lluís Vidal, ermutigt von der Minirockmode, die erste *Caganera* vorstellte.

Den größten Anteil am Caganer-Boom der letzten Jahrzehnte hatte aber die Idee, ihm das Gesicht von Personen der Zeitgeschichte zu geben. Mittlerweile sind in Katalonien die meisten Hersteller von Krippenzubehör auf Caganers spezialisiert, manche produzieren gar keine anderen Figuren mehr. Jedes Jahr erscheint eine neue Kollektion kackender Prominenter, seien es katalanische Politiker mit dem neuen Autonomiestatut in der Hand (und man ahnt, was sie damit als nächstes machen werden), sei es der Papst oder das spanische Kronprinzenpaar. Nach wie vor bestehen die Figuren meist aus Ton und sind handgefertigt. Ihre Präsentation zur Eröffnung der Fira de Santa Llúcia, des Weihnachtsmarkts vor der Kathedrale in Barcelona, ist ein gesellschaftliches Ereignis. Erst wenn es dich als Caganer gibt, sagt man hier, bist du wirklich berühmt.

Ein paar besonders umtriebige Sammler gründeten 1990 den Verein *Amics del caganer.* Zu seinen Aktivitäten zählen Caganer-Ausstellungen an wechselnden Orten, eine weitläufige dreisprachige Homepage *(www.amicsdelcaganer.org)* und die Herausgabe der halbjährlichen Zeitschrift *El caganòfil.* Immer Mitte Dezember richten die *Amics* ein Festessen aus und ernennen einen Menschen, der sich um die Förderung des Dauerhockers besonders verdient gemacht hat, zum Caganer des Jahres. Er erhält eine Urkunde und eine große Torte, in deren Mitte eine besonders schön gearbeitete Kackfigur thront. Erster Preisträger war der hochkomische Avantgardekünstler Joan Brossa. Seither sind Schriftsteller, Liedermacher, Regisseure, Schauspieler, Kritiker sowie der Bürgermeister des Städtchens Alella, der ein Caganer-Denkmal errichten ließ, ausgezeichnet worden – allerdings noch keine einzige Frau.

Immer mehr Caganers überschreiten auch die Grenzen der Països Catalans und lassen sich an Krippen in ganz Spanien nieder. Sogar in der Weihnachtslandschaft im Vestibül des Rathauses von Los Llanos auf der Kanareninsel La Palma habe ich schon einen gefunden. In seiner angestammten Heimat genießt der Caganer inzwischen den Segen höchster Stellen: die Linksnationalisten von der ERC widmen ihm eine eigene Informationsbroschüre, und im Weihnachts-Veranstaltungskalender der Generalitat hat er seinen festen Platz.

Daß trotzdem vereinzelt Stimmen hörbar bleiben, die den Rummel um den Blankarsch geschmacklos oder lästerlich finden, gehört mit zum Spektakel. Weihnachten 2005 erfreute sich die katalanische Öffentlichkeit an einer Debatte darüber, daß die Lieblingsfigur an der offiziellen Krippe der Stadtverwaltung von Barcelona fehlte. Ein konservatives Ratsmitglied setzte die Begründung in die Welt, der Caganer könne Rüpel in ihrem Drang bestärken, sich auf der Straße zu erleichtern. Die Zeitung *La Vanguardia* schlug daraufhin vor, dem Kacker die Figur eines Polizisten zur Seite zu stellen, der ihn wegen seiner Ordnungswidrigkeit aufschreibt.

Härter hatte es ein paar Jahre zuvor einen Konditor in Girona getroffen: der Einfall, seine Verehrung für den Fußballer Luis Figo dadurch auszudrücken, daß er ihn als Caganer aus Schokolade anbot, brachte ihm mehrere Bombendrohungen ein.

Die seltsame katalanische Verknüpfung von Weihnachten und Exkrement beschränkt sich nicht auf den Caganer. Genauso bedeutsam, zumindest für die Kinder, ist eine zweite Spezialität: ein dickes Stück Ast, das in der Adventszeit im Wohnzimmer der Familie erscheint. Meist ist es in eine Art rustikales Fabeltier verwandelt, es steht auf zwei, manchmal auch vier Stöckerbeinen, und auf der flachen Vorderseite hat es Augen und Mund und eine Nase, die stark an einen rot gefärbten Weinkorken erinnert. Von hinten ist der Ast hohl und in eine Wolldecke gehüllt. In den Tagen vor dem Fest füllt er sich nach und nach mit *torrons* (zähe Nougatbarren, der Klassiker unter den Weihnachtssüßigkeiten in Valencia und Katalonien) und anderen Leckereien. Genannt wird er *tronc de Nadal* oder *caga tiò:* Weihnachts- beziehungsweise Kack-Ast. Zum Fest stellen die Kinder sich vor ihm auf und stimmen einen Sprechgesang an, dessen Länge und Einzelheiten von Ort zu Ort variieren. Die Kernsätze lauten aber immer: »Weihnachtsast, kacke *torrons,* wenn du nicht kackst, dann setzt es was!« Nach dem Lied ziehen die Kinder dem Ast die Decke weg und schlagen mit Stöcken auf ihn ein, bis er alle Süßigkeiten von sich gegeben hat. Zum Zeichen, daß er entleert ist, kommt am Schluß eine Knoblauchzehe oder auch Wasser oder Weißwein zum Vorschein. Dann werden seine Gaben unter allen Anwesenden aufgeteilt.

Das Ritual entstand vor Jahrhunderten zu Ehren des Feuerholzes, das im Winter die Häuser wärmte. Früher wurde der hohle Ast am Ende der Zeremonie im Kamin verbrannt. Warum aber auch diese Tradition an das Thema Fäkalien gebunden ist, bleibt rätselhaft – abgesehen davon, daß Sigmund Freud natürlich eine Erklärung anbietet. In keiner anderen Gesellschaft der Welt, schrieb der australische Kunstgeschichtler und Barcelona-Schwärmer Robert Hughes, fänden sich so viele und so klare Belege für die Theorie von der analen Fixierung wie in der katalanischen. Wenn man in den weihnachtlichen Auslagen hiesiger Bäckereien dann auch noch Pralinen in Gestalt kleiner Kothaufen erblickt, verziert mit aus Zuckermasse geformten Fliegen, wagt man Herrn Hughes kaum zu widersprechen. Ich finde aber, etwa im Vergleich zu der verdrucksten Zotigkeit, mit der in deutschen Geschenkabteilungen Toilettenpapier mit »Happy Christmas«-Aufdruck angeboten wird, wirkt das katalanische Brauchtum recht entspannt. Mit einer offen ausgelebten Obsession ist eben oft leichter umzugehen als mit einer verdeckten.

Tatsächlich wimmelt es in Katalonien, und nicht nur zu Weihnachten, von Sinnsprüchen wie »Menja bé, caga fort i riu-te de la mort« (»Iß gut, kack viel, und lach den Tod aus«). Winzige Mandelkekse, denen ihr italienischer Erfinder den Namen *petto di monaca*, Nonnenbrust, gab, deutete man unerbittlich zum *pet de monja* um, zum Nonnenfurz. Und der aufmerksame Gast wird noch haufenweise weitere Bestätigungen für die schmissige Anal-These finden. Daraus auf einen allgemein derben Umgang mit Toilettenthemen zu schließen wäre allerdings ein Irrtum. Die Lust am Fäkalen findet in Katalonien zwar großzügige, doch zugleich klar umgrenzte Freiräume. Außerhalb dieser Freiräume gelten ähnliche Benimmregeln und Verbrämungen wie überall in der westlichen Welt. Wer mal muß, sagt »Ich gehe ins Badezimmer«, die dafür bestimmten Räume in Restaurants oder öffentlichen Gebäuden sind als *serveis,* Dienste, ausgeschildert, und anders als etwa in Frankreich kommt es hier selbst in kleinen Bars nur selten vor, daß Frauen und Männer sich ein Klo teilen müssen. Und wenn Sie im Umgang mit katalanischen Bekannten den Eindruck haben, man sei hier freizügiger mit Kraftausdrücken als in Ihrem Land, würde ich Ihnen dennoch empfehlen, sich mit eigenen Deftigkeiten zurückzuhalten. Es ist so ähnlich wie bei der Kleiderordnung: an den katalanischen Stränden gilt FKK als normal, aber ein Tourist, der mit nacktem Oberkörper durch eine Einkaufsstraße schlendert, bleibt trotzdem peinlich.

Doch zurück zu Weihnachten. Mit dem Kack-Ast-Ritual ist das Fest noch längst nicht zu Ende, auch wenn man hier auf den Weihnachtsmann vergeblich warten würde (es sei denn, er wird importiert). Statt dessen reiten in der Nacht auf den 6. Januar *Els Tres Reis Mags d'Orient,* die drei Zauberkönige aus dem Morgenland, auf ihren Kamelen durch ganz Katalonien und Spanien und liefern in Millionen von Haushalten die Weihnachtsgeschenke ab.

Erscheinungsbild und Rolle jedes Königs sind genau festgelegt: Gaspar, ein mediterraner Typ, bringt das Spielzeug. Der blonde Melcior ist als jüngster und eitelster der drei für Tand und Flitter zuständig. Oft wird er auch weißhaarig dargestellt, denn das Jesuskind soll ihn, weil er an der Krippe mit seiner Kraft und Jugend prahlte, mit vorzeitigem Pigmentverlust bestraft haben. Der dunkelhäutige, als einziger orientalisch gekleidete Baltasar ist in seinem exotischen Prunk der Liebling der meisten Kinder, obwohl eine rassistische Tradition ihm lange Zeit abverlangte, an diejenigen, die nicht brav gewesen waren, Kohlen statt Geschenke zu verteilen.

Am Abend des 5. Januar, also vor ihrer Tour durch die einzelnen Häuser, ziehen die drei Könige in großer Parade in jede Stadt ein. Bei dieser *Cavalcada de Reis* geht es zwar ruhiger zu als bei einem Festa-Major-Defilee – aber nicht viel. Die Könige reisen in fantastisch geschmückten Wagen, deren

Pappmaché-Aufbauten manchmal als Kamele geformt sind und manchmal ganz anders, für Baltasar zum Beispiel gerne als Elefant und in den Küstenorten oft als Schiffe. Dort kommt der hohe Besuch natürlich übers Meer und wird am Hafen empfangen; im Landesinnern am Bahnhof oder am Rathaus. Den königlichen Fahrzeugen ziehen etliche weitere voraus und hinterher, von Vereinen und Folkloregruppen, auch mal von einer Fast-food-Kette, die sich keine PR-Gelegenheit entgehen läßt, oder von der Stadtreinigung, die, wenn sie eh wieder allen hinterherputzen muß, vorher wenigstens mitfeiern möchte. Jeder Wagen ist voll besetzt mit geschminkten, verkleideten, musizierenden, tanzenden Menschen, die Bonbons in die Menge werfen.

So findet die Weihnachtszeit ihren Höhepunkt und ihr Ende in einer Art Fastnacht. Ein altes katalanisches Sprichwort sagt: »De Nadal a Carnestoltes, set setmanes desimboltes« (»Von Weihnachten bis Karneval: sieben verrückte Wochen«). Der Wunsch, die kalte Jahreszeit komplett durchzufeiern, ist ja auch in anderen Gegenden Europas verwurzelt, zumal dort, wo die närrische Saison im Prinzip vom Elften Elften bis Aschermittwoch dauert. Bloß daß man davon eben zwischen diesen beiden Rahmendaten kaum etwas spürt, und schon gar nicht an Weihnachten, seit das Bürgertum des 19. Jahrhunderts dem alten Fest zur Wintersonnenwende die letzten karnevalesken Züge austrieb. In Katalonien ist die Verbindung von religiöser Feier und allgemeiner Sause dagegen recht intakt geblieben – hier noch kurz zwei weitere Bräuche zum Beleg, als letzter Schlenker auf dem Ausflug durch die Jahresendrituale.

Zum einen wäre da der 28. Dezember, *els Sants Innocents*, der Tag der heiligen Unschuldigen. Eigentlich ein Datum mit trauriger Bedeutung, denn es wird des Kindermordes gedacht, den König Herodes befohlen haben soll. Doch die Architekten des Kirchenjahrs legten die Heiligen Unschuldigen ausgerechnet mit den Überbleibseln der Saturnalien zusammen, dem Fest, an dem im alten Rom verkehrte Welt gespielt wurde und die Herren die Sklaven bedienten. Im Mittelalter machte man daraus den Tag der Kinderbischöfe: die Kinder aus jeder Gemeinde ernannten unter sich einen Bischof oder Abt, der wiederum eine Reihe weiterer Würdenträger ins Amt setzte. Für die Dauer des 28. Dezember hatte diese Nachwuchsmannschaft in der Kirche und im Dorf das Sagen und konnte ihre Macht für allen Unfug nutzen, der ihr einfiel. Heute ist das Privileg nicht mehr den Kindern vorbehalten. Auch Erwachsene genießen am 28. Dezember den Status der heiligen Unschuldigen, man spielt einander Streiche, und die Zeitungen drucken erfundene Meldungen. Genau – der Tag hat die gleiche Bedeutung wie anderswo der 1. April. Eine Besonderheit ist allerdings der Sport, Leuten auf der Straße unbemerkt Papierfiguren an den Mantel zu heften. Hier läßt sich auch noch einmal der Bogen zurück zur katalanischen Fäkalfreude schlagen, denn man benennt diese Papierfiguren hier mit demselben Wort wie lautlose Leibwinde: *llufes*. Beide seien gleichermaßen leicht und heimlich unterwegs, so die nicht ganz zwingende Begründung katalanischer Hobby-Kulturforscher.

Eine weitere flüchtige Gestalt hat ihren großen Auftritt dann am 31. Dezember. *L'Home dels Nassos*, der Nasenmann. Er hat so viele Nasen wie das Jahr Tage, und nur an Silvester zeigt er sich in der Öffentlichkeit. Das erzählt man den Kindern und scheucht sie immer wieder auf, indem man ruft, in die und die Straße sei gerade der Nasenmann eingebogen. Die Kinder rennen hin, auf der Suche nach einem Herrn mit unzähligen Nasen, weil sie nicht bedenken, daß am 31. Dezember nur noch ein einziger Tag vom Jahr übrig ist.

Und damit genug von der Weihnachtszeit. Abschließend sei bemerkt, daß hier bei aller gewissenhaften katalanischen Brauchtumspflege doch manche auswärtige Sitte um sich greift. So sehen die Kinder immer seltener ein, warum sie fast zwei Wochen länger auf ihre Geschenke warten sollen als die Kinder in anderen Ländern, und setzen durch, daß die Bescherung auf den 25. Dezember vorgezogen wird. Von Jahr zu Jahr wimmeln mehr Weihnachtsmänner durch Katalonien, und zum Dreikönigstag lassen es viele Familien dann beim Besuch des Fastnachtszugs und beim traditionellen Marzipankuchen mit eingebackener Bohne bewenden.

Der Tronc de Nadal hat ebenfalls Konkurrenz aus dem Norden bekommen: in manchen katalanischen Städten führte die Müllabfuhr in den letzten Jahren Termine für die Entsorgung von Weihnachtsbäumen ein. Nur einer hält unangefochten die Stellung – der Caganer.

Annalís

Das Dorf, in dem Annalís Labat aufgewachsen ist, heißt Albelda und liegt in der Franja de Ponent, dem östlichsten Streifen von Aragón, gleich hinter der katalanischen Grenze. Hier sprechen die Leute Katalanisch, doch ihren Dialekt nennen sie *Xapurreat*, Kauderwelsch. Das könnte man als Fall von verinnerlichtem Minderwertigkeitsgefühl beklagen und auf der Suche nach den Ursachen die einschüchternde Wirkung von kastilischsprachiger Herrschaft und spöttelnden ›hochkatalanischen‹ Nachbarn gegeneinander rechnen. Aber in der Franja selbst erzählt man sich eher Witze darüber. Als der Herr die Menschen schuf, sagte er zu den Kastiliern: ihr werdet Kastilisch sprechen. Zu den Katalanen sagte er: ihr werdet Katalanisch sprechen. Und wir? fragten die Leute aus der Franja. Ihr, sagte der Herr und zögerte einen Moment – ihr sprecht einfach, was ihr wollt.

Annalís lebt nun schon lange nicht mehr in dieser etwas abgelegenen und ziemlich sonnengegerbten Gegend. In den letzten Jahren hat sie unter anderem für einen Medienkonzern in Köln, für eine Werbeagentur in Mailand und für eine Galerie in Madrid gearbeitet. Zurzeit wohnt sie in Lleida und schlägt sich mit Prüfungen für den spanischen diplomatischen Dienst herum.

»Mir gefällt an Katalonien am besten das Essen – vor allem das Tomatenbrot. Und an den Katalanen mag ich das Zupakkende, das Praktische. Auf die Nerven geht mir aber die Hochnäsigkeit, mit der sie darauf pochen, daß sie etwas anderes sind. Und sie können sehr unfreundlich sein, wenn man nicht ihre Sprache mit ihnen spricht.

Schon lange bin ich in die Stadt Barcelona verliebt. Aber es gibt auch so viele wunderschöne Landschaften hier, das Ebrodelta, das Empordà, die Pyrenäen…

Ich sehe mich als Spanierin und bin absolut dagegen, daß Katalonien ein eigener Staat sein sollte. Ich finde, alle autonomen Regionen haben gut Platz im spanischen Staat, mit all ihren Eigenheiten und Verschiedenheiten, die zusammen dieses großartige, vielfältige Spanien ergeben.

Auch wenn ich mit dem katalanischen Dialekt der Franja de Ponent aufgewachsen bin und meine Schulausbildung und mein Studium, bis ich 21 war, überwiegend auf katalanisch ablief, habe ich es inzwischen, weil ich so lange im Ausland war, ein bißchen verlernt. Trotzdem würde ich sagen, ich spreche immer noch besser Katalanisch als viele von denen, die dauernd damit angeben.

Ich habe diesen katalanischen Zungenbrecher immer sehr lustig gefunden: ›Setze jutges d'un jutjat mengen fetge d'un penjat‹ (›Sechzehn Richter eines Gerichtshofs essen die Leber eines Gehängten‹). Den lernte ich auswendig, als ich noch sehr klein war und gar nicht wußte, was die Worte bedeuteten. Als ich es dann erfuhr, war ich ziemlich überrascht.«

Cadaqués – Collioure

Zum Abschluß möchte ich Sie noch auf einen katalanischen Tagesausflug mitnehmen. Es könnte eine Wanderung durch die Vulkanlandschaft von la Garrotxa sein, selbst im Hochsommer herzerfrischend grün, wundervolle Luft, prächtige Ausblicke, überall Schmetterlinge. Oder eine kleine Bildungsrundreise zu den berühmten Zisterzienserklöstern, die sich über die dünn besiedelten Landstriche zwischen Tarragona und Lleida verteilen und in denen sich einst die aragonesischen Könige bestatten ließen. Oder eine meditative Radtour durchs Ebrodelta mit seinen endlosen Reisfeldern, aus denen als einzige Erhebungen hier und da Palmen- und Oleanderinseln mit einem weißen Bauernhaus in der Mitte ragen. Die Wirtin hat uns extra ihr Autan mitgegeben, doch man sieht ja hier keine einzige Mücke, also lassen wir es weg und werden das morgen bitter bereuen, denn mögen die Biester unsichtbar sein, ihre Stiche sind es nicht; sie übersäen jeden freiliegenden Körperteil und hören frühestens nach zwei Wochen auf zu jucken.

Aber nein, das wäre kein angemessener Schluß, wir machen

also doch etwas anderes. Unser Ausgangspunkt ist das alte Fischerstädtchen Cadaqués. Um uns einzustimmen, schlagen wir einen aktuellen deutschen Reiseführer Katalonien auf und finden dort den Satz: »Übermäßig viel Widerspruch dürfte man wohl nicht ernten mit der Aussage, daß Cadaqués der möglicherweise schönste Ort an der Costa Brava sei.« Das ist so vorsichtig formuliert, als ginge es darum, ungestraft einen Polizisten zu beleidigen. Dabei wird man selbst für die Aussage »Cadaqués ist der schönste Ort der Welt« kaum Widerspruch ernten, jedenfalls nicht bei denen, die schon einmal dort waren, und erst recht nicht bei denen, die dort mit Blick auf die Bucht wohnen. Deshalb ist Cadaqués, auch abgesehen von den ungezählten Dalí-Andenken, längst zur Pilgerstätte geworden. Wegen der isolierten Lage hält sich der Andrang aber halbwegs in Grenzen. Der Ort ist von schroffen Felszügen umgeben, den Ausläufern der Pyrenäen, die hier bis ins Meer reichen und kurz vor der Küste noch auf 600 Höhenmeter kommen. Bis Ende des 19. Jahrhunderts war Cadaqués, außer für geübte Bergwanderer, nur auf dem Seeweg zu erreichen. Anna Maria Dalí, die Schwester des Malers, schrieb, sie habe hier alte Fischer gekannt, die in Marseille und Genua gewesen waren, in Kuba und in Feuerland, doch niemals in der Kreishauptstadt Figueres. Heute führt eine kurvige Bergstraße nach Cadaqués, auch dies ein langsamer Weg, kaum geeignet für den kurzen Abstecher auf der Fahrt in den Süden oder zurück. Man muß sich Zeit nehmen.

Am Beginn unseres Ausflugs steht ein kleiner Morgenspaziergang an der Bucht entlang. Jetzt, ein, zwei Stunden nach Sonnenaufgang, hat die Gegend ihre kräftigsten Farben, tiefblau der Himmel, noch tiefer blau das Meer, dazwischen so strahlend, als würden sie von selbst leuchten, die hellen Rümpfe der Fischerboote – und das weiße Städtchen, zu beiden Seiten mit den Bergflanken als Hintergrund, die im Kontrast fast schwarz wirken und deren Schnittpunkt von hier aus gesehen mit der höchsten Erhebung der Altstadt zusammenfällt, der stämmigen Barockkirche Santa Maria. Cadaqués ist eine solche Augenweide, daß es ganz natürlich scheint, in jedem Raum, den man betritt, egal ob Laden, Restaurant oder Wohnung, auf Bildern an den Wänden genau das wiederzufinden, was man eben noch draußen in echt gesehen hat, die Bucht, die Boote, die Fischer im Hafen, die weißen Häuser oder den pyramidenförmigen Fels mit dem seltsamen Namen *es Cucurucuc*, der am östlichen Ende der Bucht aus dem Wasser ragt.

Wir schlendern also über die morgendlichen Küstenwege wie gute *Camacus*. So nennt man in Katalonien die Hauptstädter, die auf ihren Touren durch die Provinz unablässig »Que maco!« rufen, »Wie hübsch!«, was im Akzent von Barcelona eben wie »Camacu« klingt. Wenn wir uns genug am Panoramablick gelabt haben, schließen wir noch ein Frühstück auf einer Café-Terrasse am Hauptplatz an und phantasieren uns bei *tallat* und Croissant vielleicht ein bißchen in die Jahre vor dem Bürgerkrieg, als sich hier Marcel Duchamp und Man Ray endlose Schachpartien lieferten, Federico García Lorca bei Familie Dalí zu Hause seine Gedichte vortrug, Dalí und Luis Buñuel an einem der Kiesstrände das Drehbuch für ihren Film *L'âge d'or* ausheckten und Paul Eluard mit seiner Frau Gala an- und ohne sie wieder abreiste. Die Schauplätze haben sich seitdem kaum verändert.

Wir brechen auf, die steilen Gassen hoch, gegen deren spitziges Schieferpflaster Sie in Stöckelschuhen oder Flip-Flops keine Chance hätten. Überall von den weißen Mauern wallen üppig rot- und violettgrün die Bougainvilleen und andere Rankgewächse, und zwischen den Blumentöpfen neben den Hauseingängen drücken sich halbwilde, aber offenbar ziemlich verwöhnte Katzen herum. Wir setzen uns ins Auto und lassen das mediterrane Idyll unter uns zurück, begeben uns in die Felslandschaft, in die es so eindrucksvoll gebettet liegt.

Cap de Creus heißt die Halbinsel, ihre Spitze bildet den östlichsten Punkt des spanischen Staatsgebiets. Von der Lieblichkeit des Empordà, »unserer kleinen Toskana«, wie manche Katalanen es nennen, ist hier wenig zu spüren. Den dunklen Schiefer- und Granitmassiven hat in Jahrtausenden die Tramuntana ihre wüste Gestalt gegeben – der Nordwind, der im Winter mit Orkanböen von den höheren Pyrenäenlagen herabfegt. Das Kap selbst ist karg wie ein Stück vom Mond und die See um die Klippen so blau, als hätte die Natur an dieser Stelle einen Maßstab für Farbsättigung setzen wollen. Weiter einwärts überzieht robuste Macchia die kleine Halbinsel, vor allem Ginster-, Rosmarin- und Thymiansträucher. An der Nordküste liegen noch zwei Orte, Selva de Mar und Port de la Selva, eigentlich sind es zwei Teile eines Ortes, wie üblich an den Küsten, ein Dorf und sein alter Hafen, der dann selbst zum Dorf wurde. Die Bezeichnung *Selva*, Urwald, mag verwundern, doch tatsächlich standen hier bis ins Mittelalter dichte Wälder, die man dann rodete, um Holz für den Schiffbau und Agrarland zu gewinnen. Die letzten Reste vertilgte ein Großfeuer im Jahr 2000, und nun krümmen sich nur noch wenige Pinien über dem Gesträuch. Auch von der Landwirtschaft ist nicht viel übrig. Wie in vielen Teilen Kataloniens baute man hier vorwiegend Wein an, bis die Reblaus einfiel und alles wegfraß. Danach zogen sich die Bauern vom Cap de Creus zurück. Vor ein paar Jahren wurde die Halbinsel zum Naturpark erklärt, und mittlerweile hat man sogar den hiesigen Club Med geschlossen und begonnen, die Anlagen ersatzlos abzureißen – fast ein Wunder angesichts der einmal mehr außer Kontrolle geratenen Bauwut an den spanischen Küsten.

Von der Straße aus kann man die ehemaligen Weinterrassen zum Teil noch gut erkennen, doch stärker als solche Zivilisationsspuren wirkt der Eindruck einer rauhen, selbstgenügsamen Schönheit. Costa Brava bedeutet Wilde Küste, hier versteht man, warum sie so heißt. Einen grandiosen Blick über Kap und Meer bietet Sant Pere de Rodes, ein Benediktinerkloster, das seit über tausend Jahren hoch in den Bergen über Port de la Selva thront. Wir könnten jetzt hinwandern, aber dann wäre der Tag vorbei, das machen wir lieber ein andermal.

Nördlich der Halbinsel mündet die schmale Land- auf die größere Küstenschnellstraße, und es sind nur noch ein paar Kilometer bis zur Grenze. Dort halten wir noch einmal an, in Portbou, dem letzten Ort auf der spanischen Seite. Ein winziges Städtchen an einer tief in den Fels gewaschenen Bucht, baulich nicht weiter auffällig, wäre da nicht der prachtvolle Bahnhof mit seinem riesigen Stellwerk. Das spanische Schienennetz hat eine andere Spurweite als das französische, deshalb mußten hier früher alle Reisenden umsteigen. Heute können viele sitzen bleiben, weil ihre Züge mit Umspurungstechnik ausgestattet sind. Und Portbou lebt nun vor allem davon, daß französische Tagesgäste sich, unbehelligt von Zollkontrollen, mit Tabak und Alkohol eindecken.

Wir aber machen hier nur kurz Station, um Walter Benjamins Grab zu besuchen. Als der deutsche Philosoph mit anderen Flüchtlingen im September 1940 heimlich die bergige Grenze überquert hatte, auf der Flucht vor den Nazis und dem Vichy-Regime, wollten die spanischen Behörden die ganze Gruppe an Frankreich ausliefern, weil sie zwar Visa für die USA und Schiffsbilletts ab Lissabon vorweisen konnte, aber keine französischen Ausreisepapiere. Noch in derselben Nacht kam Benjamin in einer Pension in Portbou ums Leben. Ob es wirklich ein Freitod war oder Mord, verübt von einem der Kollaborateure, die sich seit Francos Sieg in dieser Gegend angesammelt hatten, weiß man bis heute nicht.

Der Friedhof ist direkt über die Steilküste gebaut und besteht aus den typischen weißen Mauern mit Gräberwaben. An Walter Benjamin erinnert im hinteren Teil eine schwarze Marmortafel auf einem kleinen bepflanzten Kiesfeld; auf einem Felsbrocken am Kopfende kann man nach jüdischem Brauch einen Kiesel ablegen. Nur wenige Schritte von den Gräbern entfernt stemmt sich das Monument *Passatges* des französisch-israelischen Künstlers Dani Karavan in den Hang. Eine schmale, steile Treppe zwischen meterhohen Eisenwänden, zur Hälfte überdacht. Am Ende des Abstiegs steht man vor einer mächtigen Glasplatte und blickt hindurch auf die gleißende, unerreichbare Fläche der See.

Auf dem alten Länderschild an der Straße hat jemand das *France* mit schwarzer Farbe durchgestrichen und *Catalunya Nord* darunter geschrieben. Ringsum gammeln die ehemaligen Grenzanlagen vor sich hin, wie überall im Schengen-Raum. Doch der Unterschied zwischen beiden Seiten bleibt überraschend deutlich. Die Landschaft ist eigentlich die gleiche – schroffe, steil abfallende Pyrenäen-Endfelsen mit eher sprödem Bewuchs –, und trotzdem sieht sie anders aus. Auf einmal überwiegen an dem Gestein die wärmeren Braun- und Ockertöne, nicht mehr das Schwarzgrau, und auch die Farbe des Meeres hat sich gewandelt, das tiefe Blau ist einem sanften Türkis gewichen: als sollte hier unsere Anfälligkeit für das Klischee vom weichen Frankreich und vom harten Spanien auf die Probe gestellt werden. Zudem fängt kurz hinter der Grenze der Weinbau wieder an, die französischen Winzer haben sich von der Reblaus nicht dauerhaft aus dieser Gegend vertreiben lassen, und die Herkunftsbezeichnungen *Banyuls* (süß) und *Collioure* (trocken) sind in den letzten Jahren zu einigem Ansehen gekommen.

Nun ist er gefallen, der magische Name, Collioure, neben Cadaqués der zweite internationale Künstlermythos der katalanischen Küsten. Noch fehlen uns zwei, drei Kilometer, und wir haben Zeit, ein bißchen aufs Radio zu achten. Ein Regionalsender, Nachrichten aus der näheren Umgebung mischen sich mit Anekdoten zu den gerade gespielten Songs. Der Moderator spricht Französisch mit herzhaftem Südwestakzent, achtet aber darauf, alle paar Sätze einen Ausdruck auf katalanisch einzuflechten. Vor allem *els trabucaires* kommen immer wieder vor, denn die folkloristischen Vorderlader-

Schützenvereine sind in Catalunya Nord besonders beliebt. Ebenso übrigens der katalanische Esel: man sieht so gut wie kein Fahrzeug mit 66er Kennzeichen (die Nummer des Departements Pyrénées Orientales), an dem der Aufkleber fehlt.

Collioure, auf katalanisch Cotlliure mit stummem T – im Roussillon hat man heute zweisprachige Ortsschilder. Eine weit geschwungene Hafenbucht, beherrscht vom trutzig-niedlichen Turm der Kirche Notre Dame des Anges, der früher ein Leuchtturm, und von der wuchtigen Zitadelle, die einst eine aragonesische Königsburg war. Drum herum schmiegt sich die kleine Stadt mit ihren bunten Häusern, wimmelnden Gassen und platanengesäumten Plätzen. Hier erfanden Henri Matisse und André Derain 1905 den Fauvismus, und heute führt ein *chemin du fauvisme* zu zwanzig Aussichtspunkten, an denen die beiden ihre Staffeleien aufstellten. Die Straßenmalerdichte in Collioure dürfte zu den höchsten der Welt zählen, die Souvenirstände ballen sich, die Bistroterrassen brummen. Doch dem Zauber dieses Ortes kann der Hochbetrieb wenig anhaben. Selbst wenn ich mich im Touristenstrom über die Promenaden schiebe, versetzt mich die Anmut der Farben und der Architektur noch in eine Art froher Feierlichkeit, und ich kann mir vorstellen, daß es Ihnen ähnlich geht. Entfernt man sich ein Stück vom Wasser, werden die Andenkenläden sogar recht nett, sie bieten Marmeladen und eingelegte Spezialitäten, Umhängetaschen, deren Muster die warmen Farben der Häuser und der Landschaft aufgreifen, und hübsche Töpferei: neben Krügen und Tassen vor allem Zierkacheln mit der Senyera oder mit volkstümlich katalanischen Motiven – Bauernpärchen in alter Tracht, mit Barretina auf dem Kopf und einem Porró voll Wein in der Hand, oder Sardana-Tanzgruppen vor Pyrenäenkulisse. Auch an vielen Hausmauern hängen solche Kacheln, meist ergänzt um eine Aufschrift wie *Hier wohnen Katalanen* oder *Wir sprechen Katalanisch.*

Ich habe in Catalunya Nord oft den Eindruck, die katalanischen Symbole und Flaggen werden mit einem unerschütterlichen ›französischen‹ Selbstbewußtsein zur Schau gestellt, das im ›spanischen‹ Katalonien fehlt, wo mir noch in der kämpferischsten Pose immer ein Rest Unsicherheit, eine Spur von Zweifel mitzuschwingen scheint. Doch daß Einwohner von Collioure tatsächlich Katalanisch sprechen, hört man beim Bummeln nur ganz vereinzelt. Vielleicht mal zwei ältere Damen im nachbarschaftlichen Plausch. In den Geschäften und Restaurants reden alle Französisch, auch die Angestellten untereinander.

Apropos, ein Mittagessen wäre jetzt nicht schlecht. Auf einen Tisch im Freien haben wir keine Chance, wir finden Platz im angenehm kühlen Innenraum eines kleinen Lokals. Collioure ist berühmt für seine Anchovis und Sardinen, aber die Dorade *a la planxa* im Tagesmenü macht ebenso große Freude. Dazu ein Glas Rosé aus der Gegend, und zum Nachtisch gibt es Crème Catalane, die hier natürlich nicht Crème Brûlée genannt wird. Allerdings ist sie mit Sahne zubereitet – wieder so eine Frankreich-Spanien-Frage. Auf der Südseite der Pyrenäen würde man nur Milch, Eier, Zucker, Zimt, Zitronenschale und Maismehl hineintun, vielleicht ein bißchen Anis. Ich ziehe die sahnefreie Variante vor, weil ich dieses Dessert am verführerischsten finde, wenn die Zuckerkruste schön hart und die Creme darunter fast flüssig ist.

Sehen wir uns nach dem Essen noch das Museum für moderne Kunst an? Wie ich uns kenne, begnügen wir uns für diesmal mit einem Blick von außen auf die ganz in Efeu gehüllte Villa, in der es untergebracht ist, und legen uns dann für eine Weile an den endlosen Sandstrand von Argelès, der wenige Kilometer von hier beginnt.

Wir sind zurück in Cadaqués, die Sonne hat sich hinter die schwarzen Berge verzogen, das Städtchen schimmert im letzten Abendlicht. Und weil es ein Jammer wäre, sich an einem

Tag wie diesem zu mäßigen, sitzen wir schon wieder vor einem Nachtisch, und zwar einem dieser ortsexklusiven, die man sich in Katalonien auf keinen Fall entgehen lassen sollte. Es handelt sich um leichtes Biskuitgebäck, geformt wie Sektkorken, serviert in flachen Tonschalen, wie man sie auch für die Crema Catalana verwendet. Der Kellner gießt ein bißchen Rum in die Schalen, und wenn sich die Biskuits damit vollgesogen haben, werden sie angezündet. *Taps de Cadaqués* heißt die kleine herbsüße Köstlichkeit.

Müssen wir uns jetzt entscheiden, wo es uns besser gefällt, hier oder in Collioure? Eins zu null für Frankreich oder eins zu null für Spanien? Nein. Wenn schon ein Ergebnis an dieser Stelle, dann zwei zu null für Katalonien.

Und nun lasse ich Sie wieder alleine. In der milden Nachtluft sitze ich noch auf einer Terrasse mit Blick auf die Bucht und in die Sterne, höre zu, wie sich das Rauschen des Meeres mit den gedämpften Abendklängen des Ortes verbindet, wie sich unter die zwölf Schläge vom Kirchturm das Pfeifen einer Kuckucksuhr mengt, die – vielleicht Mitbringsel eines Stammgasts, vielleicht Erinnerungsstück an schlechtere Zeiten, als hier die Armut die Menschen ins Ausland trieb – an einem Ehrenplatz in der alten Fischerkneipe hängt, in der wir die flambierten Biskuits gegessen haben.

Ich danke allen, die mir bei diesem Buch geholfen, und allen, die mir Katalonien immer näher gebracht haben. Also besonders Annalís Labat, Carola Violan, Rosina Nogales, Roser Vernet, Jorge Carrión, Sandra Aulló, Gemma Domingo, Albert Coma Bau, Enric Cervera, Bettina Feldweg und Martina Lüdicke.

Bereits erschienen:
Gebrauchsanweisung für ...

Amerika
von Paul Watzlawick

Amsterdam
von Siggi Weidemann

Barcelona
von Merten Worthmann

Bayern
von Bruno Jonas

Berlin
von Jakob Hein

die Bretagne
von Jochen Schmidt

China
von Kai Strittmatter

Deutschland
von Maxim Gorski

Dresden
von Christine von Brühl

das Elsaß
von Rainer Stephan

England
von Heinz Ohff

Florenz
von David Leavitt

Frankreich
von Johannes Willms

Gardasee
von Rainer Stephan

Genua und die Italienische Riviera
von Dorette Deutsch

Griechenland
von Martin Pristl

Hamburg
von Stefan Beuse

Indien
von Ilija Trojanow

Irland
von Ralf Sotscheck

Italien
von Henning Klüver

Japan
von Gerhard Dambmann

Kalifornien
von Heinrich Wefing

Katalonien
von Michael Ebmeyer

Köln
von Reinhold Neven Du Mont

01/0002/05/L

London
von Ronald Reng

München
von Thomas Grasberger

New York
von Verena Lueken

Niederbayern
von Teja Fiedler

Norwegen
von Ebba D. Drolshagen

Paris
von Edmund White

Polen
von Radek Knapp

Portugal
von Eckhart Nickel

Rom
von Birgit Schönau

das Ruhrgebiet
von Peter Erik Hillenbach

Salzburg und
das Salzburger Land
von Adrian Seidelbast

Schottland
von Heinz Ohff

Schwaben
von Anton Hunger

die Schweiz
von Thomas Küng

Sizilien
von Constanze Neumann

Spanien
von Paul Ingendaay

Südfrankreich
von Birgit Vanderbeke

Südtirol
von Reinhold Messner

Tibet
von Uli Franz

die Toskana
von Barbara Bronnen

Tschechien und Prag
von Jiří Gruša

die Türkei
von Iris Alanyali

Venedig
von Dorette Deutsch

Wien
von Monika Czernin

01/0002/05/R

PIPER

Merten Worthmann
Gebrauchsanweisung für Barcelona

160 Seiten. Gebunden

Auch wenn sie nicht nur auf dem Fußballfeld mit Madrid konkurriert: Barcelona ist und bleibt die Hauptstadt – von Katalonien! Was macht die Metropole zu Europas Hotspot? Wie traditionell gibt sich Barcelona, wie avantgardistisch; wie katalanisch und wie international? Und wie ißt man hier, zwischen grober Hausmannskost und der futuristischen Küche eines Ferran Adrià? Merten Worthmann kennt die einzigartige Dynamik dieser Stadt. Er nimmt uns mit zur Sagrada Familia, ins Barrio Gótico und zum Parc Güell, die Ramblas entlang, durch das pulsierende Nachtleben, zu den »rasenden Teufeln« und all den anderen Festen des Volkes.

01/1633/01/R

Paul Ingendaay

Gebrauchsanweisung für Spanien

191 Seiten. Gebunden

Spanien steckt voller Geheimnisse. Wie, beispielsweise, kommt es zur anhaltenden Liebe der Spanierinnen zum Hausmantel aus Polyester? Warum ist es in Spanien so laut? Und was nur, was macht die geliebte escapada, die Flucht ins Wochenendhaus auf dem Lande, für die Spanier so reizvoll? Spanien muß man erklären – und Paul Ingendaay tut das auf ebenso kenntnisrciche wie amüsante Weise. Dabei erzählt er vom Fußball und von Cervantes, von silbernen Löffeln und deutschen Kolonien, vom Baskenland, Sex und dem traditionellen Stierkampf. Am Ende wird eines ganz klar sein: Spanien ist mehr als nur Küste.

01/1059/02/R

PIPER

PIPER

Eckhart Nickel

Gebrauchsanweisung für Portugal

146 Seiten. Gebunden

Noch heute geht der Blick der Portugiesen melancholisch hinaus auf den Atlantik. Mit dem Aufbruch über das Wasser nahm ihre große Zeit den Anfang, die Epoche der Eroberungen durch den legendären Seefahrer Vasco da Gama. Die Sehnsucht nach dem Glanz dieser versunkenen Zeit ist noch heute zu spüren in den Barbearias von Lissabon oder in den ehrwürdigen Gebäuden der Universität von Coimbra. Inzwischen ist Portugal hellwach, bei fado und Wein wird gefeiert in den schicken Bars und Cafés von Lissabon, wo früher Pessoa an seinen Gläschen genippt hat. Und so scheint das kleine Land am äußersten Südwestrand des Kontinents spätestens seit der Weltausstellung ganz in den Mittelpunkt Europas gerückt zu sein. Mit seiner stillen Eleganz, dem berühmten fado, der verzaubernd traurigen Musik, und dem Eigensinn seiner Menschen hat es Eckhart Nickel, den weltreisenden Schriftsteller, auf immer für sich eingenommen. Und der weiß inzwischen neben dem unumgänglichen Portwein die portugiesische Vorliebe für telenovelas ebenso zu schätzen wie den Klang der zungenbrecherischen portugiesischen Sprache.

01/1086/01/R

PIPER

Teresa Solana

Mord auf katalanisch

Ein Barcelona-Krimi. Aus dem Katalanischen von Petra Zickmann. 288 Seiten. Broschur

Wenn ein Ehemann in dem Katalog eines berühmten Auktionshauses seine Frau auf einem ihm bisher unbekannten Gemälde entdeckt, ist das überraschend. Wenn dieser Ehemann jedoch der sicherste Anwärter auf die Präsidentschaft Kataloniens ist, ist das heikel. Da wendet man sich doch am besten an ein exklusives Unternehmen, das bitte absolut diskret herausfindet, was die Gattin so treibt. Die geeignete »Detektei« ist schnell gefunden, denn der edle Name Borja Masdéu-Canals Sáenz de Astorga flößt Vertrauen ein. Dahinter verbergen sich die heimlichen Zwillinge Pep und Eduard und ansonsten mehr Schein als Sein. Und nun beschatten die beiden Zufallsdetektive die extravagante Gattin des Politikers und schlittern dabei in ein Verbrechen, das Barcelonas bester Gesellschaft das blaue Blut in den Adern gefrieren läßt. Shopping auf dem Passeig de Gràcia, eine Erfrischung im Café Zurich, ein Aperitiv im Sandor – und zum Nachtisch ein kleiner Mord unter Freunden. Ein herzerfrischender katalanischer Krimi und die spannendste Art, zum Barcelona-Kenner zu werden.

01/1615/01/R